HB Bildatlas

W0283679

Liebe Leserinnen, liebe Leser!

Rainer Fieselmann, mit Leib und Seele Fotograf, ist im Schwabenland zu Hause. Er hat sich Südwestdeutschland als Spezialgebiet auserkoren. So war es ihm ein Leichtes, tolle Motive für diesen HB Bildatlas zu finden.

Dina Stahn, passionierte Kulturwissenschaftlerin und Journalistin, lebt in einer kleinen Gemeinde am östlichen Schwarzwaldrand. Dass sie sich in dem Gebirge auskennt, zeigt sie mit ihren Texten in diesem HB Bildatlas.

›Südlicher Schwarzwald – wohin sonst?‹ – so denken Jahr für Jahr Millionen von Urlaubern, Kurgästen, Wanderern und Freizeitsportlern, und das nicht ohne Grund. Denn hier finden sie genau das, was sie sich unter einer heilen Welt vorstellen: Eine wunderschöne Mittelgebirgslandschaft mit herrlichen Wäldern, mit leuchtend bunten Wiesen, mit klaren Bächen, Flüsschen und Seen, in denen sich Prachtexemplare von Forellen tummeln, mit Berggipfeln, von denen sich überwältigende Aussichten bieten, mit heilkräftigen Thermen, in denen man sich von den Strapazen des grauen Alltags erholen kann.

Und nicht nur das: Nirgendwo sonst sind so viele Attraktionen für Alt und Jung auf relativ engem Raum beieinander wie in der Heimat der Kuckucksuhren und Bollenhüte. Als Beispiel sei hier nur der Europapark erwähnt, einer der stärksten Publikumsmagneten weit und breit. Doch auch wer städtisches Leben mit entsprechendem Kulturprogramm sucht oder sich eher für Jahrhunderte alte Schwarzwaldhöfe und romantische Städtchen und Winzerdörfer mit viel Fachwerk interessiert, kommt im südlichen Schwarzwald voll auf seine Kosten.

Letztlich sei noch angemerkt: In keiner anderen deutschen Landschaft gibt es so viele mit Sternen ausgezeichnete Gourmet-Lokale wie im südlichen Schwarzwald.

Also viel Spaß beim Genießen!

Ihr HB-Bildatlas-Team

Rankenmühle bei St. Märgen

Schwarzwald-Idylle bei St. Peter

IMPRESSIONEN 6–17

Bilder aus dem südlichen Schwarzwald: Lieblich und wild, winterlich weiß und frühlingshaft bunt, von Herzen romantisch und festlich gestimmt.

ORTENAU 18–33

Garten voller Obst und Wein

Die Ortenau, bekannt für frische Erdbeeren, herrliche Kirschen und hervorragenden Wein, breitet sich mit ihren hübschen Weindörfern und lebhaften Städten zu Füßen der rauen Schwarzwaldhöhen aus und reicht hinunter bis zum Oberrhein.

Straßenkarte 30
Infos 31

VON DER KINZIG AUF DIE BAAR 34–49

Uhrmacher, Flößer und Narren

Wie Perlen reihen sich entlang der Kinzig altertümliche Städtchen wie Gengenbach, Wolfach und Schiltach aneinander. Und wer tiefer ins Waldgebirge eindringt, kommt nicht nur zu den berühmten Triberger Wasserfällen, sondern auch in die Heimat der Bollenhüte und zur größten Kuckucksuhr der Welt. Droben auf der Baar, im Land der jungen Donau, wo sich geschichtsträchtige Städte wie Villingen-Schwenningen, Rottweil und Donaueschingen ausbreiten, feiert die schwäbisch-alemannische Fasnet fröhliche Urständ.

Straßenkarte 46
Infos 47

Bei der Fronleichnamsprozession in St. Märgen tragen die Mädchen ihre Schäppelkronen

Inhalt

Hochschwarzwald 50–63

Auf dem Dach des Waldes

Fast schon alpin muten die oberen Etagen des südlichen Schwarzwaldes an, dessen drei höchste Gipfel Feldberg, Belchen und Herzogenhorn an die 1500-Meter-Marke heranreichen und die oftmals schon zu Weihnachten ein großartiges Wintersport-Paradies bilden. Wunderschön gelegene Bergseen und Talsperren wie Titisee, Windgfällweiher und Schluchsee locken im Sommer Hunderttausende von Ausflüglern und Urlaubern an.

Straßenkarte 60
Infos 61

Freiburg und Umgebung 64–79

Alt und alternativ

Freiburg, die ›Perle des Oberrheins‹, ist die deutsche Großstadt, in der Historie und Neues eine glückliche Symbiose eingegangen sind: Hier altehrwürdige Kirchen und Paläste, da neue Dächer und Fassaden, belegt mit glänzenden Photovoltaik-Zellen. Auch in der Umgebung der Stadt harmonieren alt und alternativ, so etwa auf Freiburgs Hausberg Schauinsland und auch im sonnenverwöhnten Kaiserstuhl, wo alte Weinberge zu neuzeitlichen Terrassen zurecht planiert sind.

Straßenkarte 76
Infos 77

Markgräflerland 80–93

Wellness, Wein und Römer

Als ›Paradiesgärtlein‹ bekannt ist Deutschlands südwestlichster Zipfel zwischen Hochschwarzwald und Oberrhein. In der Umgebung berühmter Thermalkurorte wie Badenweiler, Bad Krozingen und Bad Bellingen gibt es das ganze Jahr über vorzüglichen Wein und im Spätfrühling Spargel satt.

Straßenkarte 90
Infos 91

Wutachschlucht, Hotzenwald 94–107

Sonnige Terrassen, wilde Schluchten

Unbändige Wassermassen rauschen durch die tiefe Wutachschlucht. Dann das imposante Finale: Die weiten, von der Sonne beschienenen Aussichtsterrassen des Hotzenwaldes brechen jäh zum Hochrhein ab.

Straßenkarte 104
Infos 105

Anhang

Service – Daten & Fakten 108
Register, Impressum 113
Vorschau, lieferbare Ausgaben 114

Besuchen Sie uns im Internet: **www.hb-verlag.de**

TOP ZIEL

BESONDERS SEHENSWERT

Pittoreske Altstadt 31
Keine andere Kleinstadt im Schwarzwald ist so malerisch wie Gengenbach.

Zeitgenössische Kunst 32
Außer Hahn und Henne gibt es in Zell a. H. auch Werke von Beuys und Warhol zu sehen.

Alte Handwerkskunst 47
Mit einem großen Veranstaltungsprogramm wartet das Freilichtmuseum Vogtsbauernhof auf.

Tosende Wasser 47
Zu den bekanntesten Attraktionen Deutschlands gehören die Triberger Wasserfälle

Geschichte der Zeitmessung 48
Im Furtwanger Uhrenmuseum steht die Zeit niemals still.

Die Klosterbibliothek ... 61
... in St. Peter ist ein Meisterwerk des Rokoko.

Großartige Aussicht 63
Der Belchen am Ende des Münstertals ist der schönste Aussichtsberg im Schwarzwald.

Himmel aus Stein ... 77
... nennt man das Freiburger Münster, einen der schönsten Sakralbauten Europas.

Alte Kunst 77
Im Freiburger Augustinermuseum sind u.a. Meisterwerke von Hans Baldung Grien, Matthias Grünewald und Lucas Cranach zu sehen.

Villa urbana 91
Die bestens konservierte Ruine von Heitersheim ist eines der ältesten römischen Bauzeugnisse in Deutschland.

Architektur und Design 93
Modernste Schöpfungen zeitgenössischer Baukunst und Formengebung entdeckt man in Weil am Rhein.

Übverwältigend ... 105
... in seinen Ausmaßen ist der Dom von St. Blasien, Europas drittgrößte Kuppelkirche.

Paradiesisch

Als ›Paradiesgärtlein‹ besang der Dichter Johann Peter Hebel die sehr fruchtbare und von der Sonne verwöhnte Landschaft vor den hohen Schwarzwaldbergen. Besonders bestätigt wird dieser Eindruck im ›goldenen Oktober‹ am Tuniberg, der sich südwestlich von Freiburg aus der Oberrheinebene erhebt.

Romantisch

Ein Wanderparadies par excellence ist der südliche Schwarzwald. Kaum eine andere deutsche Mittelgebirgslandschaft kann mit soviel romantischer Natur aufwarten. Besonders eindrucksvolle Szenerien findet man im Hotzenwald wie hier in der Teufelsküche bei Dachsberg.

Heimelig

Selbst im kältesten Winter fühlt man sich in den heimeligen Städtchen und Dörfern des Hochschwarzwaldes wohl, wie hier in Lenzkirch, das in einer Talmulde der Haslach zu Füßen des Hochfirstes liegt.

Bergfrühling

Ein Blütenmeer auf Wiesen und Weiden, im Hintergrund das dunkle Grün von Fichten und Tannen – dann ist Frühling im Hochschwarzwald. So richtig die Seele baumeln lassen kann man im frühlingsbunten Siedelbachtal nördlich von Titisee-Neustadt.

VOLKSBANK
VOLKSBANK

Lebendige Geschichte

Das Mittelalter kann man in zahlreichen Orten noch mit Händen greifen: Wehrhafte Mauern und Türme, grazile Steinmetzkunst und meisterhaft ausgeführtes Holzfachwerk werden nicht nur wie hier in Gengenbach, sondern auch in anderen kleinen Städten des südlichen Schwarzwaldes mit viel Liebe zum Detail erhalten.

Traditons-bewusst

Noch sehr hoch im Kurs steht im südlichen Schwarzwald die Pflege alter Traditionen, so beispielsweise auch beim Rossfest in St. Märgen, das jedoch nur alle drei Jahre stattfindet. Dann zeigt sich die einheimische Damenwelt selbstbewusst in ihren hübschen Trachten und mit den dazu gehörenden Schäppelkronen. Natürlich tut man dies nicht nur für die Traditionspflege, sondern auch für die zahlreich angereisten Touristen.

Garten voller Obst und Wein

Auf den rauen Schwarzwaldhöhen sitzt noch der Winter, Schneereste harren in kahlen Mulden aus, Farn und Gras sind noch braun. Doch dann, auf der Fahrt gen Westen, immer bergab, steigen die Temperaturen an, milde Düfte lösen den kühl-würzigen Geruch des Nadelwaldes ab, Frühlingsblumen überziehen saftig-grüne Wiesen – plötzlich wird der Blick frei und weit, die schroffen Bergrücken tauchen ab in ein Meer aus schneeweißen Kirschblüten, die Ortenau beginnt.

Von Reben umgeben: Durbach in der Ortenau, ein Weinort wie er nicht schöner sein kann

▲ Reiche Apfelernte in der Ortenau

▲ Beliebtes Ausflugsziel: Schloss Staufenberg bei Durbach

▲ Hausschmuck in Durbach-Oberweiler

▼ Blick auf den idyllischen Winzerort Durbach

▼ *Gute Stimmung beim Durbacher Weinfest*

▼ *Vom Baum direkt in den Korb*

Als sommermild und winterwarm wird das Klima der Ortenau gelobt. Kein Wunder, dass in den Wäldern sogar Esskastanien gedeihen. In tieferen Lagen breiten sich Obsthänge und Rebkulturen aus. Winzer schenken ihre preisgekrönten Tropfen aus – wohl dem, der hier zu Fuß unterwegs ist. Es ist die besondere Exposition der Weinberge, die Spitzengewächse heranreifen lässt. Tagsüber heizt die Sonne die steilen Hänge auf, nachts sorgt Kaltluft aus dem Schwarzwald, die das Kinzigtal ausatmet, für Abkühlung. Und genau das bringt sehr typische Weine mit kräftigem Charakter und fruchtigem Aroma hervor.

Allen voran ist hier der Blaue Spätburgunder zu nennen, ein Wein, der tiefrot ins Glas fließt und Kenner wegen seines starken Ausdrucks aufseufzen lässt. Aus einer Mutation des Spätburgunders ist der Ruländer (Grauburgunder) hervorgegangen. Erst in jüngerer Zeit ist er wieder zu Ehren gekommen, ein Umstand, den er seinen südlichen Verwandten zu verdanken hat: Unter dem Namen Pinot grigio (Italien) oder Pinot blanc (Frankreich) feierte die Rebsorte Erfolge bei den Weißweinfreunden und ebnete damit auch dem Grauburgunder aus deutschen Landen den Weg. Dessen Trauben sind in der Tat rosa-grau, wenn sie reifen, und zeichnen sich durch einen hohen Zuckergehalt aus. Mit einem Trick gewinnen die Winzern leichtere Weine: Sie ernten die Beeren einfach etwas früher. Die daraus gekelterten Tropfen haben häufig das Aroma reifer Birnen. Darüber hinaus gedeihen in der Ortenau beste Rieslinge, hier ›Klingelberger‹ genannt, leichte Weine mit typischer Säurenote.

Oberkirch und Grimmelshausen

Um Oberkirch von oben zu sehen, ist die Ruine Schauenburg ein ganz hervorragender Ort. 1050 von Bertold II. von Zähringen gegrundet, sind von der stolzen Schauenburg nur wenige Mauerreste geblieben. Einst hat ein ganz Berühmter von den Zinnen aus den Blick in die Ferne schweifen lassen: Hans Jacob Christoffel von Grimmelshausen, geboren 1621 in Gelnhausen bei Frankfurt am Main, arbeitete nach Ende des Krieges als Verwalter der Schauenburg. An ihrem Fuße liegt Gaisbach, und in Gaisbach steht der ›Silberne Stern‹, wo

▲ Lautenbach: Innenraum der Wallfahrtskirche

▼ Grundstoff fürs Chriesewässerli

▼ Fachwerk in Oberkirch

Grimmelshausen später als Gastwirt tätig war. Es blieb ihm dabei genügend Zeit, um zur Feder zu greifen, verfasste er doch den ältesten deutschen Roman, den ›Simplicissimus‹. Er schickt seinen Helden durch die Wirren des 30-jährigen Krieges. 1667 avancierte Grimmelshausen zum Schultheiß im nahen Renchen, wo er 1676 starb.

▼ *Hier entsteht das Chriesewässerli*

▲ *Spätgotische Baukunst in Lautenbach*

▼ *Eisdiele in Oberkirch*

▲ *Geschnitztes Ortsschild*

SPECIAL

Chriesewässerli

Eine wunderbare Medizin wird in der Ortenau hergestellt, obwohl die Erzeuger ihren Schnaps so kaum nennen würden. Doch die ›geprenten Wasser‹ aus den Labors der Alchemisten waren früher sündhaft teuer und ihre Wirkungen entsprechend exklusiv. Erst als Tüftler Anlagen zur Herstellung größerer Mengen bauten, wurde Schnaps zum Volksgetränk. Für die Bauern war´s ein Segen, denn damit eröffnete sich eine Möglichkeit, Obstüberschüsse haltbar zu machen. Denn rund um Oberkirch reifen reichlich Mirabellen, Zwetschgen, Äpfel und Birnen, vor allem aber auch Kirschen (alemann. ›Chriesen‹). Diese in Hochprozentigen zu verwandeln, hieß sogar die Kirche gut: 1726 genehmigte der Bischof höchstpersönlich den Oberkirchern das Kirschenbrennen. Um gutes ›Chriesewässerli‹ zu bekommen, müssen die Kirschen vollreif sein, dürfen aber nicht faulen. Die Stiele müssen entfernt werden, sonst schmeckt der Schnaps grasig. Dann braucht man Fingerspitzengefühl, um den wichtigsten Teil des Destillates im richtigen Augenblick abzutrennen und samtweichen Hochprozentigen zu erzeugen.

Wallfahrt nach Lautenbach

Seit mehr als 800 Jahren wallfahren fromme Menschen nach Lautenbach im Renchtal, also an den Ort, wo ein Hirte liebliches Singen wie aus dem Nichts gehört haben soll. Im späten 15. Jh. errichteten Prämonstratenser das spätgotische Gotteshaus. Neben den Altären sind die vom berühmten Peter Hemmel von Andlau geschaffenen Glasgemälde Kunstwerke höchsten Ranges. Im Dreißigjährigen Krieg, als fremde Truppen alle Häuser brandschatzten und auch sämtliche Obstbäume fällten, blieb die Marienwallfahrtskirche wie durch ein Wunder unversehrt.

▲ Abendstimmung in Gengenbach

▼ Ein gemütliches Plätzchen in Offenburg

▲ Blumenschmuck an einem Gengenbacher Bürgerhaus

▲ Offenburg: Einhorn-Apotheke mit Neptunbrunnen

▲ Gengenbach: Blick auf den Ort mit Benediktinerabtei … ▼ … und Engelgasse

In der Heimat der Bunten

In Offenburg sitzt Burda, das sieht man schon von weitem. So mächtig prangt der Schriftzug auf dem Verlagshochhaus, dessen Namen ältere Zeitgenossinnen eher mit Handarbeiten und Schnittmustern in Verbindung bringen als mit der Illustrierten ›Bunte‹ oder dem Magazin ›Focus‹. Die Verlagsgruppe ist größter Arbeitgeber der Stadt, die auch einen guten Ruf als Messestadt genießt. Sie gilt als das ›Tor zum Schwarzwald‹, da sie am Austritt des Kinzigtales aus dem mittleren Schwarzwald in die Oberrheinebene liegt.

Fast zu schön, um echt zu sein

Der freie Geist der einstigen Reichsstadt scheint noch heute durch die Gassen zu wehen. Stolz präsentieren sich Stadt und Bewohner. In der ersten Frühlingssonne wirkt der Marktplatz wie ein Magnet, Hausfrauen setzen ihre Taschen ab und lassen sich auf einen Schwatz ein, Besucher genießen das einzigartige Ambiente.

Wie drei gutmütige Riesen bewachen Ober-, Niggel- und Kinzigtor seit mehreren Jahrhunderten das bunte Treiben innerhalb der Stadtmauern.

SPECIAL

Farben über Farben

Eine Überraschung wartet in der Gengenbacher Pfarrkirche St. Maria beim Marktplatz. Hier wurde Mitte des 8. Jh.s eine Benediktinerabtei gegründet, die ein wichtiger Ausgangspunkt für die Besiedlung des Schwarzwaldes war. Das Gotteshaus selbst datiert in die erste Hälfte des 12. Jh.s und ist eine der wenigen noch erhaltenen romanischen Kirchen in der Gegend. Im Inneren fühlt man sich von einer Woge von Farben überrollt: Wände, Pfeiler, Decken sind über und über bemalt. Anstelle der barocken Ausstattung hat der Künstler Carl Philipp Schilling um 1900 nach Vorbildern aus St. Blasien und Hildesheim versucht, eine möglichst authentische mittelalterliche Kirchenbemalung zu schaffen. Die einen bejubeln dies als einzigartige Neuschöpfung, viele andere sind schockiert, assoziiert man doch mit ›romanisch‹ steingraue Pfeiler und verblichene Farben. Bis heute liefert die Ausmalung Gesprächsstoff.

▲ *Schmucke Fassaden in Zell am Harmersbach*

▼ *Kreuzsattelhütte bei Oberharmersbach*

▼ *Schwarzwald-Impression*

▼ *›Hahn und Henne‹ stammen aus Zell am Harmersbach*

▲ *Szenerie an der Hauptstraße von Zell am Harmersbach*

Als markantestes Gebäude präsentiert sich das Rathaus. Erbaut 1784, thronen auf seinem Giebel Justitia und Prudentia (Gerechtigkeit und Klugheit). Gut 200 Jahre älter ist der Brunnen vor dem Gebäude. Die Fachwerkhäuser rundherum dürfen wirklich als wahre Augenweide bezeichnet werden. Sehr hübsch ist die Engelgasse, die nicht nur schön renovierte Bauten aus dem 17. Jh. birgt, sondern auch zeigt, wie pfiffig alte Fachwerkbauten zu schicken Boutiquen umgenutzt werden können.

Hahn und Henne

Kein Kännchen, kein Becher und kein Teller gleicht dem anderen – wenn die Keramikmalerinnen in Zell am Harmersbach den Pinsel ansetzen, dann entstehen wirklich unverwechselbare Unikate. Das Motiv, das die inzwischen 200 Jahre alte Firma am südlichen Ortseingang berühmt gemacht hat, ist freilich immer gleich geblieben, Hahn und Henne.

Seit über 100 Jahren sitzen sie friedlich vereint auf Kannen, Tassen und Tellern und erfreuen sich ungebrochener Nachfrage. Freilich werden auch zahlreiche andere Dekors und Produkte entworfen. Was Handarbeit ist und was vollautomatisch hergestellt wird, erfährt der Besucher während einer kurzen Führung. Im Fabrikverkauf lässt sich neben Hahn und Henne auch das eine oder andere nette Schnäppchen ergattern.

Rummel in Rust

Statt beschaulicher Mußestunden im Urlaub mal Lust auf Nervenkitzel pur? Der Europapark in Rust macht's möglich mit dem ›Silver Star‹, Europas größter und höchster Stahl-Achterbahn. Wer sich traut, aus 73 Meter Höhe zuerst wie im freien Fall in die Tiefe zu sausen, donnert sodann mit bis zu 130 km/h durch den Parcours, erlebt in den Kurven die vierfache Erdbeschleunigung und beim Herunterdonnern von den Höhen Gefühle von Schwerelosigkeit, kurzum ein richtiges Achterbahn-Feeling satt. Schwangere und Leute mit Herzschrittmachern sollten sich diesen Kick allerdings nicht zumuten. Die Talstation der Achterbahn ist zugleich die Mercedes-Benz-Halle, die sich der Faszination Motorsport widmet.

▼ Zaubernder Clown im Europapark

▼ Feuchter Spaß in Rust

▼ Zum Kampf bereit: Schwan im Naturschutzgebiet Taubergießen

▲ Europapark: Achterbahn ›Euro-Mir‹

▼ Urwaldlandschaft Taubergießen

▼ Fjord Rafting in Rust

Ein Tag reicht bei weitem nicht aus, um alle Stationen in Deutschlands größtem Freizeitpark zu genießen. Seit der Park 1975 eröffnet wurde, haben weit mehr als 50 Millionen Besucher seine Pforten passiert. Auf 65 Hektar Parkfläche locken über 100 Attraktionen, darunter eine Schweizer Bobbahn, wildes Fjordrafting, ein holländisches Dorf, zu dem natürlich auch eine Windmühle gehört, Tiervorführungen, Geisterschloss und Wikingerdorf, Laser-Light- und Eis-Shows und so verführerische Anlaufstellen wie das ›Chocoland‹ mit Schoko-Werkstatt.

Der letzte Urwald am Rhein

Der alte Vater Rhein: Hunderte Flussarme schlängelten sich einstmals in einem Labyrinth durch ausgedehnte Sümpfe und Auen, eine wahre Brutstätte für Stechmücken und Malaria. Menschenfeindliches Land. Dazu verheerende Überschwemmungen, die aber gleichzeitig fruchtbaren Schlamm auf die Felder beförderten. Segen und Fluch, so nahe beieinander. Dann kam Oberst Tulla (1770 – 1840), der badische Wasserbaudirektor, der diesen ›Wildstrom, der seinen Lauf stets ändert‹, zähmte. Anfang des 19. Jh.s plante er ein Werk, das weit reichende Folgen hatte. Der Rhein sollte begradigt, die Überschwemmungen beendet, neues Kulturland gewonnen und die Schifffahrt ermöglicht werden. All dies hat er geschafft. Doch die Rhein-Begradigung sorgte dafür, dass der Grundwasserspiegel sank, die Abflussgeschwindigkeit zunahm und Jahrhundert-Hochwässer heute exorbitante Schäden verursachen. Weil fruchtbare Schwemmfracht ausbleibt, muss seither künstlich gedüngt werden. Und die alten Flussauen sind für immer verschwunden.

Es gibt jedoch einen Ort, wo der Zauber des alten Stroms ungebrochen scheint. Die Rheinauen im Taubergießen, eine geheimnisvolle Urwaldlandschaft, die Schwärme von Wasservögeln anzieht und seltene Pflanzen wie Fliegenragwurz und Pyramindenorchis vor dem Aussterben bewahrt. Bei einer Expedition mit dem Nachen eines der hiesigen Fischer muss man schon hin und wieder das Genick einziehen, um den tief hängenden Ästen von Silberweiden und Schwarzpappeln auszuweichen.

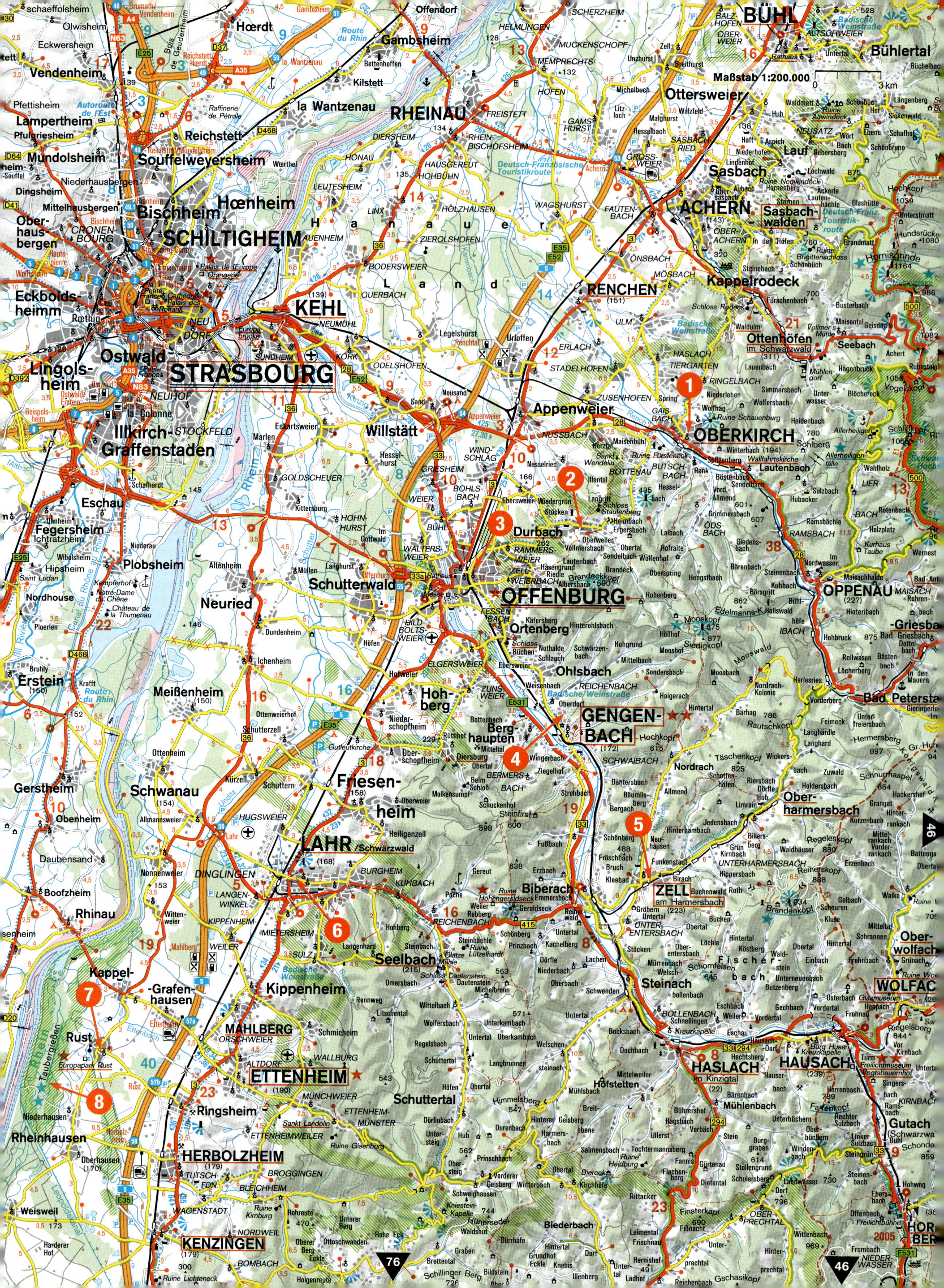

Maßstab 1:200.000
3 km
BÜHL
Bühlertal
Ottersweier
Sasbach
Lauf
ACHERN
Sasbachwalden
Kappelrodeck
RENCHEN
Ottenhöfen im Schwarzwald
Seebach
Appenweier
OBERKIRCH
Lautenbach
Durbach
OFFENBURG
Ortenberg
Ohlsbach
OPPENAU
Bad Peterstal
GENGENBACH
Berghaupten
Hohberg
Schutterwald
Neuried
Willstätt
KEHL
RHEINAU
Gambsheim
Hœrdt
Kilstett
la Wantzenau
Offendorf
Reichstett
Souffelweyersheim
Hœnheim
Bischheim
SCHILTIGHEIM
Vendenheim
Lampertheim
Mundolsheim
Oberhausbergen
Eckbolsheim
Ostwald
Lingolsheim
STRASBOURG
Illkirch-Graffenstaden
Eschau
Fegersheim
Plobsheim
Erstein
Gerstheim
Rhinau
Meißenheim
Schwanau
Friesenheim
LAHR/Schwarzwald
Seelbach
Biberach
Zell am Harmersbach
Oberharmersbach
Nordrach
Steinach
HASLACH im Kinzigtal
HAUSACH
Mühlenbach
Hofstetten
Gutach
Oberwolfach
Kippenheim
MAHLBERG
ETTENHEIM
Kappel-Grafenhausen
Rust
Ringsheim
Rheinhausen
HERBOLZHEIM
KENZINGEN
Schuttertal
Fischerbach
Badische Weinstraße
Deutsch-Französische Touristikroute
Hanauer Land
1
2
3
4
5
6
7
8
76
46

Infos

Beste Stimmung herrscht beim Durbacher Weinfest

Oberkirch 1

Über 900 Schnapsbrennereien soll es in der 20000 Einwohner zählenden Stadt am Ausgang des Renchtales geben. Oberkirch nennt sich selbst auch ›Stadt des Weines‹ und beherbergt Deutschlands größten Erdbeermarkt. Obstbäume und Reben – ein rosa-weißes Gedicht im Frühling, ein flammenfarbener Traum im Herbst – macht zusammen ein Paradies für Wanderer und Radler.

Sehenswert: Obwohl die Stadt 1689 fast vollständig zerstört wurde, bieten die im 17. und 18. Jh. neu gebauten Fachwerkhäuser ein schönes Bild. Im **Heimat- und Grimmelshausenmuseum** im Alten Rathaus erfährt man Interessantes über Stadtgeschichte, Handwerk und Brauchtum und natürlich auch über Hans Jacob Christoffel von Grimmelshausen (1621–1676), der mehrere Jahre in Oberkirch gelebt und wohl hier seinen Simplicissimus verfasst hat (geöffnet: Di. u. Do. 15.00–19.00, So. 10.30–12.30 u. 14.00 bis 17.00 Uhr).

Aktivitäten: In die geheime Welt des Hochprozentigen führt ein 3-tägiger Schnapskurs ein, der mit einem ›Wässerli-Diplom‹ abschließt (Kontakt: Tourist Information).

ⓘ Tourist Information
Eisenbahnstr. 1, 77704 Oberkirch,
Tel. 07802/82241, Fax 07802/82179
www.oberkirch.de

Gute Tropfen aus der Ortenau

Durbach 2

Bunte Blumen zieren Fachwerkhäuser und Geländer am Durbach, fast scheint der 1255 erstmals erwähnte malerische Winzerort (4000 Einw.) in Reben zu versinken. Die hiesigen Weingärtner gewinnen regelmäßig Auszeichnungen bei Weinprämierungen. Nach ausgedehnten Wanderungen ist hier also genau der rechte Fleck, um ein gutes Tröpfle badischen Weines zu genießen.

Sehenswert: Alte Gerätschaften und einen historischen Weinkeller sieht man im **Wein- und Heimatmuseum** (geöffnet: Mi. u. Sa. 14.00–17.00, So. 15.00–18.00 Uhr). Mitglieder des Museumsvereins brennen übrigens ein eigenes ›Museumswässerle‹.

Veranstaltungen: Lustig zu geht es beim **Weinfest** (Anfang Juni), beim **Burgfest** (1. Aug.-Wochenende) sowie beim **Durbacher Weintag** (Anfang Sept.). Dann gibt es frisches Bauernbrot, Schwarzwälder Rauchfleisch und vor allem guten Durbacher Wein.

ⓘ Tourist-Information
Talstr. 36, 77770 Durbach
Tel. 0781/42153, Fax 0781/43989
www.durbach.de

Offenburg 3

Einst von den Römern ein gut bewachter Verkehrsknotenpunkt, ist die 57000-Einwohner-Stadt heute nicht nur Mittelpunkt der Ortenau, sondern auch ein bedeutender Wirtschaftsstandort. Märkte und Messen ziehen Publikum von weit her an. Nach einer Blütezeit im 15. und 16. Jh. ging es dieser Gründung der Zähringer, die 1101 erstmals urkundlich erwähnt wurde, eine Zeit lang schlecht, teilte sie doch das Schicksal vieler Ortenau-Gemeinden: 1689 brannten die Truppen Ludwigs XIV. die Stadt nieder.

Sehenswert: Ziemlich lebhaft geht es rund um den **Fischmarkt** zu, an dem besonders die Hirschapotheke von 1698 und der **Löwenbrunnen** von 1599 hervorzuheben sind. Schön anzuschauen sind auch die **Einhorn-Apotheke**, ein Barockbau von 1770/1772, sowie das **Rathaus**, ebenfalls ein Barockbau, der 1741 vom einheimischen Baumeister Mathias Fuchs errichtet wurde. Täglich erklingt hier ein Glockenspiel (11.50 u. 17.50, Do. auch 20.20, Sa. auch 9.50 Uhr). Auf Grundmauern aus dem 14. Jh. ruht die zwischen 1700 und 1720 erbaute **Heiligkreuzkirche.** Sehenswert ist das Renaissance-Kruzifix von 1521 im linken Seitenchor. Der aufgelassene Friedhof hinter der Kirche beherbergt einen Ölberg von 1524.

Museen: Aus der grauen Vorzeit der Stadt berichtet das **Museum im Ritterhaus.** Über Archäologie und Stadtgeschichte hinaus sind hier auch Mineralien und Objekte aus dem Bergbau ausgestellt (Ritterstr. 10; geöffnet: Di.–Fr. 10.00–13.00 u. 15.00–17.00, Sa., So. u. Fei. 10.00–17.00 Uhr). Die **Mikwe** (Glaserstr. 8), das ehemalige jüdische Ritualbad, ist im Rahmen einer Stadtführung zu besichtigen (Anmeldung beim Bürgerbüro bzw. bei der Stadtinformation).

ⓘ Stadtinformation
Fischmarkt 2, 77652 Offenburg
Tel. 0781/822000, Fax 0781/827251
www.offenburg.de

Gengenbach 4

Eines der Highlights jeder Schwarzwaldreise ist Gengenbach (11000 Einw.): 1230 erhielt der Ort das Stadtrecht, 1360 wurde er Freie Reichsstadt. Die große Katastrophe ereignete sich 1689, als Truppen des Sonnenkönigs im Pfälzischen Erbfolgekrieg fast die gesamte Stadt niederbrannten, was heißt, dass all die wundervollen Fachwerkbauten erst danach entstanden sind.

Sehenswert: Die gesamte **Altstadt** steht unter Denkmalschutz. Die mittelalterliche Stadtbefestigung, der **Marktplatz** mit seinen Fach-werkhäusern (18. u. 19. Jh.) sowie das **Rathaus**, ein klassizistischer Bau von 1784 mit Rokoko-Anklängen, sind überaus sehenswert. Auch lohnt ein Abstecher in die verträumte **Engelsgasse:** An vielen Häusern sind noch Abgänge zu den ehemaligen Weinkellern erhalten. Die **Pfarrkirche St. Maria** ist 1120 als dreischiffige Basilika erbaut worden. Der barocke Turm stammt aus dem Jahre 1716. Die angegliederte Benediktinerabtei wurde im 8. Jh. durch den hl. Pirmin gegründet und 1803 aufgehoben. Die Klosterbauten mit beachtenswertem Treppenhaus sind um 1700 entstanden.

Museen: Rund um den Mummenschanz der alemannischen Fasnet dreht sich die Ausstel-

TIPP

Flammkuchen mit Aussicht

Von Durbach aus wandert man in einer halben Stunde zum Schloss Staufenberg hinauf. Oben angekommen, wartet eine verdiente Belohnung für den Aufstieg durch die Reblagen. Auf der Sonnenterrasse wird neben grandioser Aussicht und edlen Tropfen auch knuspriger Flammkuchen (mit Speck oder vegetarisch) serviert. Wer danach noch immer wandern möchte, dem wird der Rundweg über den Ortenauer Weinpfad zur St.-Wendelins-Kapelle und über Kohlstatt zurück nach Durbach empfohlen (ca. 10 km/3 Std.).

lung im **Niggelturm** (Marktplatz; geöffnet Apr. – Okt. Sa. 14.00 – 17.00, So. 10.00 bis 12.00 u. 14.00 – 17.00 Uhr). Nur im Rahmen von Sonderausstellungen geöffnet ist das **Städtische Museum** im Haus Löwenberg (Info: Reinhard End, Tel. 07803/4229). Im ehemaligen Bahnwärterhaus befindet sich heute das **Flößerei- und Verkehrsmuseum** (geöffnet Apr. – Okt. Sa. 14.00 – 17.00, So. 10.00 – 12.00 u. 14.00 – 17.00 Uhr). In der benachbarten Kapelle erbaten die Kinzig-Flößer einstmals Gottes Segen. Der trutzige **Kinzigtorturm** bebeherbergt ein wehrgeschichtliches Museum (geöffnet: Apr. – Okt. So. 10.00 – 12.00 u. 14.00 – 17.00 Uhr).

Aktivitäten: Von Gengenbach führt ein Hauptwanderweg des Schwarzwaldvereins über die bewaldeten Höhen des Buntsandsteines nach Schapbach und Alpirsbach (51 km). Außerdem ist Gengenbach Zwischenstation des Kandel-Höhenweges, der Freiburg mit Oberkirch verbindet (133 km). Lohnend ist eine Wanderung vom Parkplatz Haigerach zur Kornebene (Einkehr im Naturfreundehaus) und weiter zum 873 m hohen Mooskopf mit Aussichtsturm. Ferner wird ein Ausflug zur **Burg Hohengeroldseck** empfohlen (10 km).

Veranstaltungen: Kunstvoll gebundene Kräuterbüschel bringen Frauen an **Mariä Himmelfahrt** (15. Aug.) in die Stadtkirche, jedoch nicht zur Zierde, sondern um sie segnen zu lassen. Die geweihten Kräuterbüschel sollen Mensch und Tier vor Krankheit schützen. Mitte September feiern die Gengenbacher ihr **Weinfest**, das sich in weitem Umkreis größter Beliebtheit erfreut.

Umgebung: Die wunderbare Welt der Mineralien bezaubert durch die Schönheit ihrer Formen und die Vielfalt der Farben, so auch zu sehen in der **Mineraliengalerie** (geöffnet: Mo. bis Fr. 17.00 bis 20.00 Uhr) im Gengenbacher Ortsteil Reichenbach.

ⓘ – Kultur- u. Tourismus GmbH
Im Winzerhof, 77723 Gengenbach
Tel. 07803/930143,
Fax 07803/930142
www.badenpage.de/gengenbach/

Zell am Harmersbach ⑤

Der 1139 erstmals urkundlich erwähnt Ort Zell (7600 Einw.) genießt seit dem 13. Jh. die Vorrechte einer Freien Reichsstadt. Schon im Mittelalter lebten viele Zeller von der Keramik- und Fayence-Herstellung. Der würzige Schwarzwaldduft wird am Ortseingang zwar von den Gerüchen der Keramikfabrik übertüncht, doch deren nüchterne Fabrikfront liegt weit genug entfernt vom denkmalgeschützten Ortskern.

Sehenswert: Die Zeller **Hauptstraße** beeindruckt mit alten Fachwerkbauten und schönen Jugendstilfassaden. Hübsch anzusehen sind die bunt glasierten Dachziegel des 1895 erbauten Rathauses. Ein Rest der alten Stadtbefestigung ist der **Storchenturm** von 1330, der heute ein Museum beherbergt. Gruselig: Turmkerker, Schandglocke und Halsschere erinnern an Disziplinarmaßnahmen längst vergangener Zeiten (geöffnet: April – Okt. Di. – So. 14.00 – 17.00 Uhr). Ganz in der Moderne bewegt sich das in der **Villa Haiss** untergebrachte **Museum für Zeitgenössische Kunst**. Es zeigt Originale von Baselitz, Beuys, Haring, Kawamata, Ruff, Schumacher, Sonderborg und Warhol (Am Park 1; geöffnet Mi., Fr., Sa. 12.00 – 17.00, So. 13.00 bis 18.00, Do. 18.00 – 22.00 Uhr). Wie die weltberühmte Geschirr-Serie ›Hahn und Henne‹ hergestellt wird, erfährt man bei der **Zeller Keramik** (Hauptstr. 2; Fabrikverkauf Mo. – Fr. 9.00 – 17.30, Sa. 9.00 – 16.00, Mai bis Dez. auch So. u. Fei. 9.30 – 17.30 Uhr; Betriebsbesichtigungen und Fürhungen n. V., Tel. 07835/786-0).

Veranstaltungen: Jedes Jahr am **Tag der Heimat** (3. Juni-Wochenende) zieht die Bürgerwehr in historischen Uniformen und mit alten Waffen durch den Ort. Alljährlich am 15. August findet eine **Marienwallfahrt** zu der um das Jahr 1480 erbauten Kirche des Kapuzinerklosters statt (Auskunft Tel. 07835/63890).

Familienausflug ins Schutzgebiet Taubergießen

Umgebung: 947 Meter hoch ist der **Brandenkopf**, ein viel besuchter Berg mit 32 m hohem Aussichtsturm, Gasthaus und gewaltiger Windkraftanlage. Bei gutem Wetter kann man von hier oben auch Eiger und Jungfrau in den Schweizer Alpen erkennen.

TIPP

Ortenauer Weinpfad

Immer nur durch Weinberge zu wandern, ist das nicht langweilig auf die Dauer? Aber nein! Wer einmal den Ortenauer Weinpfad gegangen ist, der schwärmt in den höchsten Tönen von der paradiesischen Landschaft, den großartigen Ausblicken und den edlen Tröpfchen, die man unterwegs an vielen Stellen genießen kann. In verträumten Winzerdörfern und gemütlichen Weinstuben gibt es nicht nur Klingelberger (Riesling), Clevner (Traminer), Gewürztraminer, Müller-Thurgau und Ruländer, sondern vor allem auch Spätburgunder zu probieren.

Ein extra entworfenes Wegzeichen des Schwarzwaldvereins – blaue Traube auf roter Raute – kennzeichnet den rund 100 Kilometer langen Wanderweg, der von Baden-Baden südwärts bis nach Diersburg führt. Er berührt neben wohl bekannten Weinorten wie Oberkirch, Durbach, Zell-Weierbach und Gengenbach auch die Stadt Offenburg und die beiden nicht minder bekannten Schlösser Staufenberg und Ortenberg.

Für den ganzen Weg (Wanderzeit: 5 Tage) oder auch einzelne Etappen können Arrangements mit Übernachtungen und Gepäcktransfers gebucht werden (Informationen: Mittlerer Schwarzwald Tourismus GmbH, siehe Auskunft S. 108).

ⓘ Kultur- und Verkehrsamt
Alte Kanzlei, 77736 Zell am Harmersbach
Tel. 07835/6369-47, Fax 07835/6369-50
www.zell.de

Lahr ⑥

Am Ausgang des Schuttertales in die Oberrheinebene liegt Lahr (42 000 Einw.) mit seinem hübschen alten Kern. Der Mittelpunkt des Geroldsecker Landes lässt sich gern als ›Industriestadt im Grünen‹ bezeichnen.

Sehenswert: Der **Storchenturm** ist der letzte von einstmals vier Ecktürmen einer mächtigen Wasserburg, die sich die Herren von Geroldseck im 13. Jh. erbauen ließen. Im Innern informiert ein kleines Museum über die Stadtgründung. (Marktstr.; geöffnet Mai bis Sept. Mi., Sa., So. u. Fei. 17.00 – 19.00 Uhr).

Nervenkitzel im Europapark

Einheimische und exotische Bäume und Sträucher zieren den **Stadtpark.** In der Villa des Parkstifters Jamm (1809 – 1875) befindet sich eine heimatkundliche Sammlung (geöffnet: Mi., Sa., So. u. Fei. 14.00 – 17.00 Uhr).

Veranstaltungen: Alljährlich im Herbst (Ende Okt./Anfang Nov.) herrscht in der Lahrer Innenstadt **Chrysanthemenzauber,** dann zieren Tausende der herrlichen Blütenpflanzen Plätze, Gassen und Gebäude. Dazu gibt es ein breit gefächertes Rahmenprogramm.

Umgebung: In der 1730 errichteten **Hammerschmiede** im Stadtteil **Reichenbach** stieben noch die Funken nach alter Väter Sitte (Führungen n. V.; Kontakt: Herr Billian, Tel. 07821/97410 u. 07821/77306). Über Seelbach erreicht man die imposante **Ruine** der im 13. Jh. von den Herren von **Geroldseck** erbauten und 1689 zerstörten Burg. Von hier oben bietet sich ein toller Ausblick.

ⓘ KulTourBüro
Kaiserstr. 1, 77933 Lahr
Tel. 07821/950210, Fax 07821/950212
www.lahr.de

Europapark Rust ⑦

Deutschlands größter und meistbesuchter Freizeit- und Erlebnispark – in der Saison 2002 zählte man weit über 3,2 Mio. Besucher – liegt zwischen Offenburg und Freiburg zwischen der Rheintalautobahn (A 5, Ausfahrt 57b Rust) und dem Rhein. In den 1970er-Jahren hat die rührige Unternehmerfamilie Mack damit begonnen, in einem alten Schlosspark in der Rheinaue einen stationären Vergnügungspark samt Erlebnishotels und diversen Shows aufzubauen, der nach europäischen Themenbereichen gegliedert ist. Auf einer Gesamtfläche von 62 Hektar sind inzwischen mehr als 100 Attraktionen angesiedelt. Absolutes Highlight ist derzeit der ›Silver Star‹, Europas größte, steilste und schnellste Achterbahn. Das ganze Jahr über wird ein abwechslungsreiches Veranstaltungsprogramm geboten. Die Hauptsaison endet Ende Oktober/Anfang November mit einem riesigen Halloween-Spektakel samt Feuerwerk und Nachtgespenster-Parade.

Öffnungszeiten: Ende März – Anfang Nov. tgl. 9.00 – 18.00 Uhr, während der sommerlichen Hauptreisezeit verlängerte Öffnungszeiten; auch im Winter geöffnet: Ende Nov. – 6. Jan. (außer 24. u. 25. Dez.).

ⓘ Europapark Rust
Freizeit- und Familienpark Mack KG
77977 Rust
Info-Hotline: Tel. 01805/776688
Ticket-Hotline: Tel. 01805/788997
Hotelreservierung: Tel. 01805/5868510
www.europapark.de

TIPP

Fürstenberger Hof

So stellt man sich den typischen Schwarzwaldhof vor: ›Gute Stub‹ mit Herrgottswinkel, dazu eine rußgeschwärzte Küche mit offenem Rauchabzug. Im Fürstenberger Hof in Unterharmersbach gibt es natürlich auch ein Schlafzimmer und sogar ein Hochzeitszimmer. Zu jedem Einrichtungsgegenstand des 1660 erbauten und mit Stroh gedeckten Hofes weiß Museumsführer Ludwig Lehman eine interessante Geschichte oder nette Anekdote zu erzählen. Und manchmal gibt´s für die Gäste am Schluss der Führung ein deftiges Schmalzbrot (geöffnet Apr. – Okt. Do. 14.00 bis 17.00, So. 14.00 – 17.00 Uhr, Führungen n. V., Tel. 07835/636947).

Taubergiessen ⑧

Nur wenige Kilometer westlich vom stark besuchten Europapark, zwischen den Ortschaften Rust, Kappel und Rheinhausen, breitet sich das Naturschutzgebiet Taubergießen aus, ein letztes noch einigermaßen intaktes Stück Stromauenlandschaft, das allerdings nur mit großem Aufwand vor der Versteppung gerettet werden kann. Dieser Urwald am Rhein mutet geradezu paradiesisch an, ist er doch Rückzugsgebiet für zahlreiche vom Aussterben bedrohte Pflanzen- und Tierarten. Die weitläufige Wald- und Feuchtwiesenlandschaft ist von nährstoff- und fischarmen (›tauben‹), von Grundwasser gespeisten Fließgewässern (›Gießen‹) durchzogen. Auf einigen dieser Schlingen können höchst romantische Kahnpartien unternommen werden, die auch von einigen hiesigen Fischern angeboten werden. Außerdem wird das 12 km lange und bis 2,5 km breite Naturschutzgebiet am Oberrhein von zahlreichen gut ausgeschilderten Fuß- und Radwanderwegen erschlossen.

ⓘ Touristik-Information
Rathausstr. 13
77966 Kappel-Grafenhausen
Tel. 07822/866438, Fax 07822/76010
www.taubergiessen.com

WSV

Uhrmacher, Flößer und Narren

Steile Wälder, tosende Wasserfälle, lichte Ausblicke von den Höhen – das ist der mittlere Schwarzwald. Aber wie lebten die Menschen hier, bevor der Massentourismus erfunden wurde? Nicht umsonst suchte man schon früh sein Heil im Gewerbe. Heute fasziniert es die Gäste, den Spuren der Bergbauern, Flößer, Glasbläser und Uhrmacher in großartigen Museen zu folgen.
Und dann sind da noch die Narren: Nirgendwo sonst wird die traditionsreiche schwäbisch-alemannische Fasnet so gepflegt wie im südöstlichen Schwarzwald und auf der Baar.

Höhepunkt der schwäbisch-alemannischen Fasnet: der Rottweiler Narrensprung am Rosenmontag und Fastnachtsdienstag

▲ Schwarzwald-Klischee pur: Bollenhüte im Gutachtal

▲ Schäppelmacherin im Vogtsbauernhof

▼ Hammerschmiede im Freilichtmuseum Vogtsbauernhof

▲ Der Vogtsbauernhof steht hier seit 1570

▼ Die Hexenlochmühle bei Furtwangen

Als würden sie sich aus dem Boden heraus dem Licht entgegen stemmen, so wirken die großen Schwarzwaldhöfe. Dann wieder scheinen sie ganz und gar Dach zu sein, ein Bollwerk gegen das Draußen, unter dem Mensch und Tier und Vorräte Platz fanden. So eindrucksvoll die stroh- oder schindelgedeckten Wälderhäuser auch sind, verschwindet dennoch eines nach dem anderen für immer.

Im Vogtsbauernhof

Arche Noah der Schwarzwaldhäuser könnte man das Freilichtmuseum Vogtsbauernhof nennen. Seit 1964 werden bei Gutach Häuser aus dem ganzen Schwarzwald gesammelt, hat doch jede Region ihren eigenen Haustyp entwickelt. Zum bereits seit 1570 an dieser Stelle stehenden Gutacher Vogtsbauernhof gesellten sich der Hippenseppenhof (1599) aus der Furtwanger Gegend, der Lorenzenhof (um 1540) aus Oberwolfach, ein Hotzenwaldhaus (18. Jh.), ein Schauinslandhaus (1680) und der Zartener Falkenhof (1737). Berei-

SPECIAL

Rote oder schwarze Bollen?

Im Vogtsbauernhof zeigen die Bollenhutmacherinnen, wie die puscheligen Wollrosen entstehen. Von roter Farbe sind sie allerdings nur bei den ledigen Frauen. Nach der Hochzeit müssen schwarze Bollen auf den Hut. So verlangt es alter Väter Sitte, die angeblich schon im 15. Jh., sicher ab dem 18. Jh. bezeugt ist. Der Bollenhut repräsentiert aber keineswegs den typischen Schwarzwaldhut, den gibt es gar nicht. Jede Region hat die ihr eigene Tracht hervorgebracht. Der Bollenhut signalisierte einst die Zugehörigkeit zu einer protestantischen Enklave in katholischer Umgebung, bestehend aus den Gemeinden Gutach, Kirnbach und Reichenbach. Längst ist diese Kopfbedeckung zum Symbol für den ganzen Schwarzwald mutiert, ein Symbol, das weltweit verstanden, teils aber auch missbraucht wird. So sah sich Heimatforscher Ansgar Barth 1993 dazu veranlasst, die Initiative ›Schützt den Bollenhut‹ zu gründen, um der Verkitschung des Hutes entgegenzuwirken und verstaubte Schwarzwald-Klischees aufzubrechen.

▲ *Seit Freigabe der neuen Ortsumgehung ist die Wolfacher Hauptstraße eine Flaniermeile*

▲ *Glasbläser bei der Arbeit*

▲ *Blick vom Landwassereck zum Brandenkopf*

▼ *Aschermittwoch in Wolfach: Wehklagen vor dem Finanzamt*

▲ Reich bemalt: das Schiltacher Rathaus

▼ Verkaufsraum der ehem. Schiltacher ›Rats-Apotheke‹

▲ Gestapeltes Brennholz

chert wird das Ensemble durch etliche Nebengebäude wie Back- und Brennhäusle, Mühle, Ölmühle und Hammerschmiede. Funken stieben, die Klopfsäge lärmt, und es duftet das selbst gebackene Holzofenbrot – der bäuerliche Alltag von einst wird wieder lebendig.

Holländer auf der Kinzig

Aus ihren Wäldern schlugen die Bauern nicht nur Holz für den Eigenbedarf, sondern auch für den Export in die aufstrebenden Städte am Rhein. Die Tannen auf den Schwarzwaldhöhen fielen Stamm um Stamm, wurden über ›Riesen‹ (Rutschen) zu Tal gelassen und dann auf Bächen und Flüssen wie Wolfach und Kinzig weiter transportiert. Die Flößerei sollte zu einem höchst einträglichen Gewerbe werden.

Kräftige Kerle müssen die Flößer gewesen sein, mit schwarzem Hut, Lederhose und Stulpenstiefeln. In seinem Märchen ›Das kalte Herz‹ schreibt Wilhelm Hauff: ›Diese Menschen sind an ein raues, wanderndes Leben gewöhnt. Ihre Freude ist, auf ihrem Holz die Ströme hinabzufahren, ihr Leid, am Ufer wieder heraufzuwandern.‹ Zusammen gehalten wurden die Stämme von ›Wieden‹, eisenhart gedrehten Tauen aus Ästen und Zweigen. In der Größe variierten die Flöße: Ein ›Holländer‹ bestand aus 280 Stämmen, war 7 m breit und 80 m lang. Auf dem Rhein fuhren ganze Verbände mit 60 Mann Besatzung, die zu 300 m lang, und bis 50 m breit waren. Als Proviant wurden einige Mastochsen und etliche Hektoliter Bier mitgenommen. Vom 17. Jh. an ging die Reise meist gen Holland, denn dort brauchte man viel Holz für den Schiffbau, die Kassen der Holzhändler klingelten.

Unbekümmert setzten Bauern, Köhler und Glasmacher den Raubbau fort, bis um 1800 der Schwarzwald an vielen Stellen kahl geschlagen war. Die Eisenbahn versetzte der Flößerei schließlich den Todesstoß. 1895 sah man das letzte Floß auf der Kinzig. Heute flößt man allein der Gaudi wegen, so beim Flößerfest in Wolfach.

Wasserfall mit Erdnüssen

Alles wirkt ganz harmlos: Vom Parkplatz führen gepflegte Wege durch dichtes Grün, da und dort ragt ein Felsblock aus dem

◄ Triberger Wasserfall

▲ Schwarzwälder Kuckucksuhr

▲ Hochwinter bei Schönwald

▲ Auf geht´s zum Hornberger Schießen

▼ Idylle pur: der Blinde See bei Schönwald

Moos, Vögel singen. Schon bald aber flicht sich in diesen Klangteppich ein dumpfes Donnern, das mit jedem Schritt lauter wird. Kurz gebremst vor dem Kassenhäuschen, dann der Wasserfall: Über mächtige Kaskaden stürzt sich die Gutach 163 Meter in die Tiefe, glitzernde Gischt umtost massige Felsbrocken, es riecht nach Wasser und glattem kühlen Stein und Moos.

Beileibe kein Ort der Ruhe, dafür sorgt neben Deutschlands höchsten Wasserfall auch der unablässige Strom der Touristen aus aller Herren Länder. Wo man geht und steht, liegen Erdnussschalen herum. Nun löst sich das Rätsel der Erdnusstütchen am Kassenhaus: Damit können Kinder Eichhörnchen anlocken, falls die possierlichen Tierchen nicht schon längst pappsatt auf einem hohen Baum hocken.

Pulver verschossen

Zwei Bauwerke, der Schwarzwaldbahn-Viadukt und eine über dem Städtchen thronende Burgruine, kennzeichnen Hornberg zwar, doch in aller Munde ist der Ort dank einer historischen Episode. So soll 1564 großer Aufwand betrieben worden sein, weil sich Herzog Christoph von Württemberg zu Besuch angekündigt hatte (Hornberg wurde erst 1810 badisch). Um den Regenten würdig zu empfangen, planten die Hornberger, Salut mit ihren Kanonen zu schießen. ›Er kommt, er kommt!‹, hat wohl der Ausguck gerufen, als er in der Ferne eine Staubwolke sah. Prompt böllerte man los und hörte erst auf, als das Pulver verschossen war. Doch was löst sich zum Entsetzen der Hornberger aus dem Staub? Eine Herde Rinder! Als der Herzog dann wirklich kam, gab es kein Pulver mehr – eine peinliche Angelegenheit. ›Drum die Moral von der Geschicht, verschieß zu früh dein Pulver nicht!‹ So bringen die Hornberger heute bei den jährlichen Freilichtspielen den Faux-pas ihrer Altvorderen auf den Punkt.

Die Spur führt nach Böhmen

Noch sind die Anfänge der Schwarzwälder Uhrenindustrie nicht geklärt, die Furtwangen, Schramberg, Schwenningen usw. zum Aufblühen brachten. Möglicherweise dienten Böhmische Uhren als Vorlage. Fest steht, dass um 1670 bereits grö-

▲ Rottweil: Oberstadt, Schwarzes Tor

▼ Rottweiler Federahannes

▲ Uhrmacher-Drehbank

▼ An der Neckarquelle in VS-Schwenningen

▲ Närrisches Treiben in Rottweil

▼ Giraffenuhr im Furtwanger Uhrenmuseum

ßere Mengen der aus Holz und Draht bestehenden Zeitmesser produziert und von spezialisierten Händlern abgesetzt wurden. Fest steht auch, dass die Schwarzwälder Uhrmacher ihrem Gewerbe das ganze Jahr über nachgingen und ihre Landwirtschaft nur noch im Nebenerwerb betrieben. Damit begaben sie sich freilich in neue Abhängigkeiten, Wohl und Wehe des Hausgewerbes hing ganz vom Absatz ab.

SPECIAL

Welthit Kuckucksuhr

Der Exportschlager Schwarzwälder Kuckucksuhr ist aus der Not geboren: Im 19. Jh. kriselte es im Uhrmachergewerbe, der Absatz stockte. 1850 rief Robert Gerwig, damals Leiter der großherzoglichen Uhrmacherschule, alle ›vaterländischen Künstler‹ auf, sich neue Entwürfe einfallen zu lassen. Einer davon, das ›Bahnhäusle‹ des Karlsruher Architekturprofessors Eisenlohr, brachte den Durchbruch. Dies allerdings erst, nachdem man auf die Idee gekommen war, das Haus mit Schnitzereien zu verschönern und ein Türchen im Giebel anzubringen, um dem Kuckuck einen effektvollen Auftritt zu verschaffen. Die Bahnhäusle-Uhr wurde zum Exportschlager – bis heute. Als besonders verkaufsfördernd sollte sich die ›Verpackung‹ erweisen, denn auf die Idee mit dem Kuckucksruf waren die Uhrmacher schon 1740, also 100 Jahre früher gekommen.

Doppelt gemoppelt

Feuer und Wasser brachte man 1972 im Zuge der Gemeindereform zusammen: Hier Villingen, die alte, von den Zähringern gegründete Reichsstadt am Ostrand des Schwarzwaldes, mit gewichtiger Vergangenheit, katholisch, Fasnet-Hochburg und zu Baden gehörig, dort das württembergisch-evangelische Schwenningen, ein Bauerndorf auf der Baar, das erst im Zuge der Industrialisierung den Aufstieg schaffte und sich dann lange als wichtigste Uhrenstadt der Welt im wirtschaftlichen Erfolg sonnen durfte. Es hat allein 30 Jahre gedauert, bis sich die Doppelstadt Villingen-Schwenningen auf ein gemeinsames Wappen verständigen konnte, auf dem sich heute die jeweiligen Wappentiere Adler und Schwan in die Augen schauen. Ob-

▲ *Fronleichnamsprozession in Hüfingen*

▲ *›Donauquelle‹ in Donaueschingen*

▼ *Die Bregquelle bei Furtwangen ist die meerfernste Donauquelle*

▼ *CHI-Reitturnier im Schlosspark von Donaueschingen*

▲ *Donaueschingen: Blick aufs Schloss*

▼ *Bad Dürrheim: Wellness-Zentrum ›Solemar‹*

wohl die Städte baulich noch nicht ganz zusammengewachsen sind, scheint es, als habe man sich mit der Zwangsehe abgefunden. Inzwischen ist die Doppelstadt zum pulsierenden Zentrum der Region Schwarzwald-Baar-Heuberg geworden.

SPECIAL

Die fünfte Jahreszeit

Bunt, laut und derb kann die schwäbisch-alemannische Fasnet sein. Einmal im Jahr lassen die Narren so richtig ›die Sau raus‹. Und die Villinger, Schwenninger usw. machen mit beim Mummenschanz der Hästräger, und Zehntausende kommen zum Rottweiler Narrensprung, einem Höhepunkt der hiesigen Fasnet. Wie alt die Fasnet ist, weiß niemand, der heidnische Brauch soll einst dazu gedient haben, den Winter mit viel Lärm auszutreiben. Narrenumzüge sind seit dem 14. Jh. bekannt. Doch nur Spezialisten und eingefleischte Narrenfans kennen alle Figuren der schwäbisch-alemannischen Fasnet, jede Region hat ihre eigenen hervorgebracht.

Kampf um die Donau

Kein Mensch würde sich um ihre Quelle scheren, würde es sich bei der Donau um irgend ein Bächlein handeln. Tut es aber nicht. Der 2888 km lange Strom überwindet Staatsgrenzen und hat an seinen Ufern Kulturen entstehen lassen. Wo also entspringt Europas Schicksalsstrom? ›Brigach und Breg bringen die Donau zuweg‹, weiß jedes Schulkind. Der Ursprung wäre also auf Donaueschinger Markung zu finden. Bloß: Nach Geografenregel wird als Quellfluss der längste Zufluss definiert. Daher gebührt der 48 km langen Breg (gegenüber 42 km der Brigach) die Ehre, Donauquellfluss zu sein, ihre Quelle bei Furtwangen wäre dann auch die Donauquelle. Damit fanden sich die Donaueschinger nicht ab. Sie trumpften auf, denn kein geringerer als Kaiser Maximilian I. besuchte 1499 und 1516 die Stadt im Glauben, an der Donauquelle zu weilen. 1870 schuf man Fakten: Ein Quelltümpel im Schlosspark erhielt eine hübsche Einfassung. Diese verzierte man mit einer Marmorgruppe, die da heißt: ›Mutter Baar weist ihrer Tochter Donau den Weg‹.

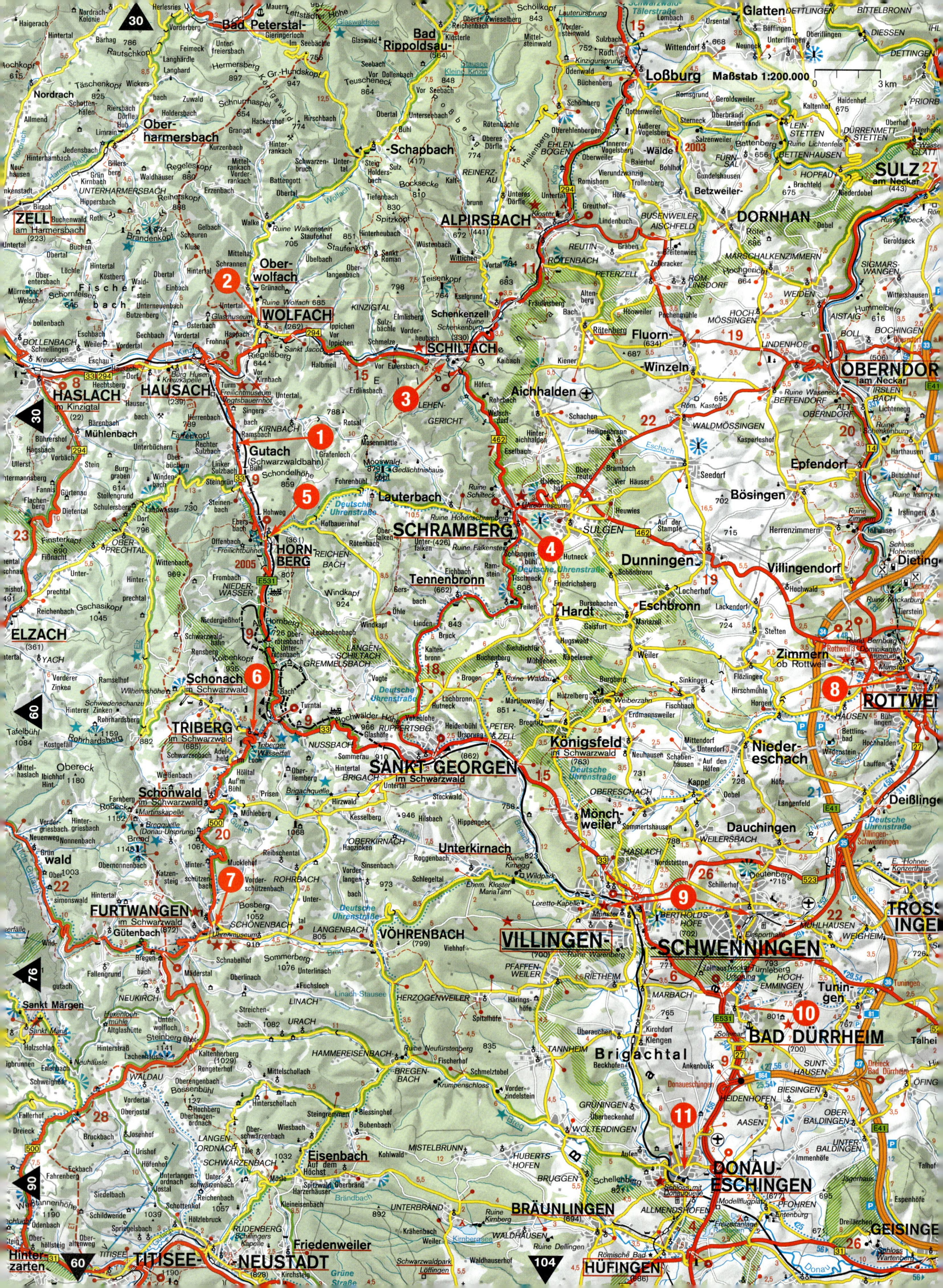
Maßstab 1:200.000
0
3 km
Bad Peterstal-Griesbach
Bad Rippoldsau
Loßburg
Glatten
Nordrach
Oberharmersbach
Schapbach
Sulz am Neckar
Zell am Harmersbach
Alpirsbach
Dornhan
Oberwolfach
Wolfach
Schenkenzell
Schiltach
Fluorn-Winzeln
Oberndorf am Neckar
Haslach im Kinzigtal
Hausach
Aichhalden
Mühlenbach
Gutach
Epfendorf
Lauterbach
Bösingen
Schramberg
Sulgen
Hornberg
Tennenbronn
Dunningen
Villingendorf
Elzach
Hardt
Eschbronn
Zimmern ob Rottweil
Schonach im Schwarzwald
Rottweil
Triberg im Schwarzwald
Königsfeld im Schwarzwald
Niedereschach
Sankt Georgen im Schwarzwald
Schönwald im Schwarzwald
Mönchweiler
Deißlingen
Dauchingen
Unterkirnach
Furtwangen im Schwarzwald
Vöhrenbach
Villingen-Schwenningen
Trossingen
Gütenbach
Sankt Märgen
Tuningen
Bad Dürrheim
Brigachtal
Eisenbach
Donaueschingen
Bräunlingen
Geisingen
Hinterzarten
Titisee-Neustadt
Friedenweiler
Hüfingen
Deutsche Uhrenstraße
1
2
3
4
5
6
7
8
9
10
11

Infos

Gutach ①

Auf der Fahrt durchs Gutachtal sieht man prächtige Schwarzwaldhöfe mit weit heruntergezogenen Dächern, mal herausgeputzt, mal dem Zahn der Zeit preisgegeben. Gutach (2400 Einw.) lieferte den Fremdenverkehrsmanagern ein Markenzeichen und dazu noch den Bollenhut, das Symbol des Schwarzwaldes schlechthin.

Sehenswert: Bollenhüte in natura sieht man natürlich im **Freilichtmuseum Vogtsbauernhof**, wo Höfe aus allen Teilen des Schwarzwaldes aufgebaut sind (geöffnet: Ende März bis Anfang Nov. tgl. 9.00 – 18.00, Einlass bis 17.00 Uhr; Auskunft Tel. 07833/93560).

Umgebung: Nordwestlich von Gutach, im Kinzigtal, liegen der Erholungsort **Hausach** sowie das alte Fachwerkstädtchen **Haslach**, wo zwei Museen einen Besuch lohnen: das **Schwarzwälder Trachtenmuseum** (geöffnet: April – Okt. Di. – Sa. 9.00 – 17.00, So., Fei. 10.00 – 17.00, Nov. – März Di. – Fr. 9.00 bis 12.00 u. 13.00 – 17.00 Uhr) und das **Hansjakob-Museum** (geöffnet: Mi. 10.00 bis 12.00 u. 15.00 – 17.00, Fr. 15.00 – 17.00, Apr. bis Okt. auch So. 10.00 – 17.00 Uhr).

ⓘ Verkehrsamt
Hauptstr. 38, 77793 Gutach
Tel. 07833/938850, Fax 07833/938811
www.gutach-schwarzwald.de

ⓘ Tourist Information
Im alten Kapuzinerkloster
77716 Haslach im Kinzigtal
Tel. 07832/706170, Fax 07832/706179
www.haslach.de

Wolfach ②

Stolz blickt man auf die eigene Geschichte zurück, denn der Ort (6000 Einw.) an der Kinzig erhielt bereits im 14. Jh. das Stadtrecht. Wichtigster Wirtschaftszweig war einst die Flößerei.

Sehenswert: Die belebte Hauptstraße wird vom **Rathaus** (1893) mit seiner Buntsandsteinfassade dominiert. Im Süden der Altstadt steht das fürstenbergische **Schloss** (17. Jh.) mit dem **Flößer- und Heimatmuseum** (geöffnet: Mai – Okt. Di., Do., Sa., So. 14.00 bis 17.00, So. auch 10.00 – 12.00; im Winter Do. u. jeden 1. So. im Monat 14.00 – 17.00 Uhr). Glasbläsern darf man in der **Dorotheenhütte** bei der Arbeit zuschauen (geöffnet: tgl. 9.00 – 17.00 Uhr).

Umgebung: Blauen Azurit, grün fluoreszierenden Uranocircit usw. gibt es im **Bergbau- und Mineralienmuseum Oberwolfach** zu sehen, wo man auch über die Schwerspatförderung in der Grube Clara aufgeklärt wird (Mühlengrün 21; geöffnet: Mai bis Okt. tgl. 11.00 bis 17.00, Dez. – Apr. tgl. 14.00 – 17.00 Uhr).

Veranstaltungen: Hoch her geht es beim Wolfacher **Flößerfest** (Info: Flößer Ewald Fritsch, Tel. 07834/1751, www.kinzigfloesser.de).

ⓘ Tourist Information Wolfach/Oberwolfach
Hauptstr. 41, 77709 Wolfach
Tel. 07834/8353, Fax 07834/8353-59
www.wolfach.de

Schiltach ③

Schiltach sei die Stadt der Gerber und Flößer, heißt es. Augenfälliger ist jedoch die Fachwerk-Idylle in dem 4000-Einwohner-Städtchen.

Sehenswert: Ein Schmuckkästchen ist der **Marktplatz** mit seinen Fachwerk- und Zinnengiebelhäusern. Am 1593 erbauten **Rathaus** beeindruckt die Fassadenmalerei.

Museen: Stadtbrände, Hexenprozesse usw. sind Themen im **Museum am Markt** (geöffnet: April/Ostern bis Okt. tgl. 11.00 – 16.00, 4. Advent – 6. Jan. 14.00 – 16.00 Uhr). Das **Apothekermuseum** ist aus der ›Rats-Apotheke‹ von 1873 hervorgegangen (geöffnet: Apr. – Okt. Di. – Fr. u. So. 10.30 – 12.00 u. 14.30 – 16.30, Nov. bis März nur So. u. Fei. 14.30 – 16.30 Uhr). Am Ende der **Gerbergasse** (Kinzigufer), im **Schüttsägemuseum**, treibt ein Mühlrad Maschinen einer Sägerei an (geöffnet: Ostern – Okt. Di. – So. 11.00 bis 17.00, Vorführungen Fr. ab 15.00 Uhr).

ⓘ Tourist Information
Hauptstr. 5, 77761 Schiltach
Tel. 07836/5850, Fax 07836/5858
www.schiltach.de

Schramberg ④

In einem tiefen, von drei Burgruinen bewachten Kessel, in dem sich fünf Täler vereinigen, liegt die Stadt Schramberg (19000 Einw.), ein traditionsreicher Standort der Uhrenindustrie (u. a. Junghans).

Sehenswert: Im klassizistischen**Schloss** (19. Jh.) befindet sich das **Stadtmuseum** mit einer über 4 m hohen Junghans-Kunstuhr, die eigens für die Pariser Weltausstellung 1900 angefertigt worden ist (Bahnhofstr. 1; geöffnet: Sa., So., Fei. 10.00 – 12.00 u. 14.00 bis 17.00, Di. – Fr. 14.00 – 18.00, Mai – 15. Sept. auch Di. – Fr. 10.00 – 12.00 Uhr).

Veranstaltungen: Beim **Da Bach Na Fahra** am Rosenmontag rauschen närrische Kapitäne in Waschzubern usw. die Schiltach hinunter. Gar manche Besatzung nimmt unfreiwillig ein kühles Bad.

ⓘ Stadt- und Bürgerinformation
Hauptstr. 25 78713 Schramberg
Tel. 07422/29215, Fax 07422/29363
www.schramberg.de

Hornberg ⑤

Bereits im 12. Jh. bauten die Herren von Hornberg eine Burg, zu deren Füßen das heute 4500 Einwohner zählende Städtchen heranwuchs. Seit dem 15. Jh. gehörte es zu Württemberg, 1810 kam es an Baden. Dank der 1873 in Betrieb genommenen Schwarzwaldbahn erlebte Hornberg einen gewaltigen Aufschwung.

TIPP

Entdeckung der Sauberkeit

›Es wird gewiss einmal die Zeit kommen, wo jeder den Tag, an dem er nicht gebadet hat, mit einem Gefühl des schlechten Gewissens zubringt.‹ So prophezeite der Sozialhygieniker Grotjohann im Jahre 1921. Tatsächlich ist die Entdeckung der Sauberkeit, des Wassers als Mittel zur täglichen Reinigung des Körpers, eigentlich ein Kind der modernen Zeit. Wer sich für die Kulturgeschichte des Bades und des Badens interessiert, erhält im Museum der Schiltacher Firma Hansgrohe einen sehr guten Überblick und kann gleichzeitig mahagonistrotzende Badewannen, mit lieblichen Blümchen übersäte Closetts aus handbemaltem Porzellan, Zimmerduschen und, im Heute angelangt, preisgekrönte Designer-Armaturen bestaunen.

Früher hat man in der Waschküche gebadet

Damit ist auch der Bezug zum wichtigsten Arbeitgeber der Stadt an der Kinzig gegeben, dem 1901 in Schiltach gegründeten Unternehmen Hansgrohe (geöffnet: tgl. 11.00 – 16.00 Uhr, Tel. 07836/511208 oder 511297).

TIPP

Reinertonishof

Nur Wiesen und Wälder umgeben den 1619 erbauten Reinertonishof bei Schönwald-Schwarzenbach mit seinem tief heruntergezogenen Dach, ein archaisches Bild. Der Eindruck wird durch das ›Ahnenstängle‹ vervollständigt, das etwa einen Meter über den Dachfirst herausragt und Haus und Hof schützen soll. Dieser Schwarzwaldhof wurde 1982 – 1984 beispielhaft restauriert und bewahrt einen Nachhall vom Leben der Bauern im Quellgebiet von Brigach, Breg, Elz und Gutach: Enge Schlafkammern, finstere Gänge, nur die anheimelnde gute Stube erweckt die Illusion eines ländlichen Idylls. Der Duft der schwarzen Rauchküche macht hungrig auf Schinken und Speck. Glücklicherweise ist das benachbarte Backhäusle bewirtschaftet, entsprechend groß allerdings der Ansturm an Wochenenden.

Sehenswert: Ein Besuch der bereits im 13./14. Jh. erbauten **Stadtkirche** lohnt wegen des hochgotischen Chores und der um 1600 entstandenen Fresken.

Aktivitäten: Schwarzwald ohne Pfifferlinge? Undenkbar. Damit aber die selbst gesammelte Pilze keine Gefahr für Leib und Leben darstellen, sei der Besuch eines Bestimmungskurses in der **Schwarzwälder Pilzlehrschau** von W. Pätzold angeraten (Werderstr. 17; geöffnet: 1. Juli – 11. Okt. Sa. 16.00 – 18.00 Uhr, Tel. 07833/6300, www.pilzzentrum.de).

Veranstaltungen: Im Sommer wird in der Waldbühne an das **Hornberger Schießen** erinnert (Freilichtspiele Mitte Juni – Anfang Sept.; Informationen: Tel. 07833/200).

Umgebung: Lohnend ist Wanderung auf den **Mooswaldkopf** (879 m; Aussichtsturm). Im Tal sschlängelt sich die **Schwarzwaldbahn** als eine der schönsten Eisenbahnstrecken Europas über den Hornberger Viadukt und durch 36 Tunnels bergan.

ⓘ Tourist-Information
Bahnhofstr. 3, 78132 Hornberg
Tel. 07833/79333, Fax 07833/79329
www.hornberg.de

Triberg ⑥

Andenkenläden und Reisebusse, so der erste Eindruck vom Luftkurort Triberg (5500 Einw.) am weltberühmten Wasserfall. Schon früh wusste man hier seine Attraktionen zu vermarkten und sich neben der Uhren- und Glasherstellung eine weitere starke Einkommensquelle zu erschließen.

Sehenswert: Mit Schwarzwälder Uhren, einer ziemlich umfangreichen Drehorgelsammlung, Trachten usw. wartet das **Schwarzwaldmuseum** auf (geöffnet: tgl. 10.00 bis 17.00 Uhr, 15. Nov. – 15. Dez. geschl.). Eine Reise wert sind die 163 m hohen **Triberger Wasserfälle**, ein großartiges Naturschauspiel, das von drei markierten Strecken erschlossen wird (ganzjährig geöffnet: tgl. 8.30 – 17.00 Uhr, Tel. 07722/953230).

Umgebung: Im nordwestlich oberhalb gelegenen **Schonach** steht die inzwischen von der Konkurrenz ausgestochene und deswegen so genannte **Erste weltgrößte Kuckucksuhr** (Untertalstr. 28; Besichtigung tgl. 9.00 bis 12.00 u. 13.00 – 18.00 Uhr). Die derzeit größte Kuckucksuhr der Welt steht talabwärts von Triberg (Schonachbach, abseits der B 33) im **Eble Uhrenpark** (geöffnet: Mo. – Sa. 9.00 bis 18.00, Ostern – Ende Okt. auch So. 10.00 bis 18.00 Uhr). Südwestlich oberhalb von Triberg liegt der besonders familienfreundliche heilklimatische Kurort **Schönwald**, in dem sich auch Sportler wohlfühlen.

Aktivitäten: Wintersport ist Trumpf in Tribergs Umgebung, vor allem in **Schonach**, wo die weltbesten Nordischen Kombinierer jeden Winter um den Schwarzwaldpokal kämpfen, sowie in **Schönwald**, wo neben Skispringern und Langläufern auch Snowboarder, Rodler und Skiroller auf ihre Kosten kommen.

ⓘ Tourist Information
Luisenstr. 10, 78098 Triberg
Tel. 07722/953231, Fax 07722/953236
www.triberg.de

ⓘ Tourist-Info
Postfach 1133, 78137 Schönwald
Tel. 07722/860832, Fax 07722/860834
www.schoenwald.net

Furtwangen ⑦

Die 1179 erstmals urkundlich erwähnte Stadt (10000 Einw.) ist vom Uhrmachergewerbe geprägt. Heute ist Furtwangen Standort des Deutschen Uhrenmuseums und einer renommierten Hochschule für Technik und Wirtschaft.

Bald eingewachsen: der Balzer Herrgott

Sehenswert: Im **Deutschen Uhrenmuseum** unternimmt man einen Gang durch die Geschichte der Zeitmessung (geöffnet: Apr. bis Okt. tgl. 9.00 – 18.00, Nov. – März tgl. 10.00 bis 17.00 Uhr, 24. – 26. Dez. geschlossen).

Umgebung: Südwestlich unterhalb von Furtwangen, im finsteren Wildgutachtal, wurde 1825 die **Hexenlochmühle** erbaut, eine Sägemühle mit zwei Wasserrädern. Nicht weit von hier findet man den in einen Baum geschnitzten **Balzer Herrgott**. Nordwestlich oberhalb von Furtwangen sind der 1149 m hohe Aussichtsberg **Brend** (Aussichtsturm, Gasthaus), die **Martinskapelle** und die **Bregquelle** (meerfernste Quelle der Donau) beliebte Ausflugsziele.

Rottweil ⑧

In mittelalterlicher Pracht, mit bunt geschmückten Erkern und kunstvoll geschmiedeten Stechschildern, präsentiert sich der Kern der 25000-Einwohner-Stadt.

TIPP

Rottweiler Narrensprung

Manche sichern sich schon morgens um 6.00 Uhr die besten Plätze, denn wenn in Rottweil die Narren springen, platzt die Stadt aus allen Nähten. Sobald sich am Rosenmontag Punkt 8.00 Uhr das Schwarze Tor öffnet, überfluten die Narren die Stadt, ziehen bis zum Gasthaus Löwen und zur Marienapotheke. Ist der Umzug vorbei, greift die Narretei auf alle Straßenzüge über. Zwar legen die Maskierten zum Betzeitläuten um 18.00 Uhr die Larven ab, aber nur, um unverkleidet in die Lokale zurückzukehren. Wiederholt wird der Narrensprung am Fasnetsdienstag um 8.00 u. 14.30 Uhr. (Auskunft: www.narrenzunft.rottweil.de).

Infos

Sehenswert: Im **Heilig-Kreuz-Münster** verdienen das Altarkreuz von Veit Stoß sowie die Rottweiler Madonna Beachtung.

Museen: Highlights im **Dominikanermuseum** sind ein römisches Orpheus-Mosaik sowie mittelalterliche Holzskulpturen und Tafelbilder (Am Kriegsdamm 4; geöffnet: Di. bis So. 10.00 – 13.00 u. 14.00 – 17.00 Uhr). Der Turm der 1320 erbauten **Kapellenkirche** ist Wahrzeichen und wertvollstes Baudenkmal der Stadt. Höchst interessant sind auch das **Stadtmuseum** (Hauptstr. 20; geöffnet: Di. bis Sa. 10.00 – 12.00 u. 14.00 – 17.00, So. 10.00 – 12.00 Uhr) sowie die Steinmetzkunst in der **Lorenzkapelle** (Lorenzgasse 17; geöffnet: Di. – So. 14.00 – 17.00 Uhr).

ⓘ Tourist-Information
Hauptstr. 21 – 23, 78628 Rottweil
Tel. 0741/494280, Fax 0741/494373
www.rottweil.de

Villingen-Schwenningen ⑨

Das aus der mittelalterlichen Stadt Villingen und dem einstigen Bauerndorf Schwenningen sowie einigen kleineren Orten gebildete und heute rund 81000 Einwohner zählende, sehr lebhafte Oberzentrum der Region Schwarzwald-Baar liegt im Quellgebiet von Donau und Neckar. Während Villingen mit stolzen Bürgerhäusern, prächtigen Kirchen und alten Klöstern wuchern kann, zeigt sich Schwenningen eher als zu schnell gewachsene Industriestadt.

Sehenswert: Bedeutendstes Bauwerk der Zähringer-Stadt mit typischem Straßenkreuz im Grundriss ist das **Liebfrauenmünster** mit gotischem Chor und sagenumwobenem Naegelinskreuz. Das **Alte Rathaus,** ein Renaissancebau am Münsterplatz, beherbergt die Villinger Altertümersammlung (bis 2004 geschlossen). Von der mittelalterlichen **Stadtbefestigung** sind noch der **Romäusturm** und das **Riettor** erhalten.

Museen: Alte und neue Architektur gehen im Kulturzentrum **Franziskaner** eine Verbindung ein. Es beherbergt u. a. auch die Grabkammer des Keltenfürsten vom Magdalenenberg (Rietgasse 2; geöffnet: Di. – Sa. 10.00 bis 12.00 u. 13.00 – 17.00, So. u. Fei. 13.00 bis 17.00 Uhr). Fabrikanten wie Johannes Bürk, Friedrich Mauthe und Jakob Kienzle hat Schwenningen seinen Aufstieg vom Bauerndorf zur Industriestadt zu verdanken, nachzuvollziehen im **Uhren-Industriemuseum,** das in der ehemaligen Württembergischen Uhrenfabrik eingerichtet ist (Bürkstr. 39; geöffnet: Di. – So. 10.00 – 12.00 u. 14.00 – 18.00 Uhr). Im **Heimat- und Uhrenmuseum** sind alte Möbel und Uhren sowie Schwarzwälder Glas aus dem 17. – 19. Jh. ausgestellt (Kronenstr. 16; geöffnet: Di. – So. 10.00 – 12.00 u. 14.00 – 18.00 Uhr).

Forellenfischer im jungen Flüsschen Breg

Aktivitäten: Eishockey erfreut sich starken Zuspruchs. Die **Wild Wings** des 1904 gegründeten Schwenninger Eis- und Rollsport-Clubs (SERC) spielen in der obersten deutschen Liga mit. Eltern kommen mit ihren lieben Kleinen im **Familienpark** auf ihre Kosten, der mit seinen vielen Attraktionen zwischen Villingen und Schwenningen angelegt ist.

Veranstaltungen: Villingen ist eine der ältesten Hochburgen der schwäbisch-alemannischen **Fasnet.** Die Mitglieder der hiesigen Narro-Zunft laufen vom Dreikönig bis Aschermittwoch ebenso zur Hochform auf wie die benachbarten Schwenninger Hansele.

Umgebung: Am **Magdalenenberg** südlich von Villingen wölbt sich der größte keltische Fürstengrabhügel Mitteleuropas auf (Funde im Franziskaner). Im **Schwenniger Moos,** einem nach der letzten Eiszeit entstandenen Hochmoor, ist die **Neckarquelle** gefasst.

ⓘ Tourist Information
Rietstr. 8, 78050 VS-Villingen
Tel. 07721/822340, Fax 07721/822347
www.villingen-schwenningen.de

Bad Dürrheim ⑩

Das höchstgelegene Sole-Heilbad Europas darf sich zudem dank des subalpinen Reizklimas auch noch als heilklimatischer Kurort bezeichnen. Lustwandeln lässt es sich aufs schönste unter den alten Bäumen im Luisengarten, dem nach der badischen Großherzogin benannten Kurpark.

Sehenswert: An der Luisenstraße steht der **Narrenschopf,** Deutschlands größtes Fastnachtsmaskenmuseum (geöffnet: Mo. – Sa. 14.00 – 17.00, So., Fei. 10.00 – 17.00 Uhr).

Aktivitäten: Wer etwas für seine Gesundheit tun will, geht ins Therapiezentrum **Solemar** mit Sole-Bewegungsbad, Schwarzwald-Sauna, Fitness-Center und diversen Reha-Einrichtungen (geöffnet tgl. 9.00 – 22.00 Uhr).

ⓘ Kur- und Bäder GmbH
Lusienstr. 4, 78073 Bad Dürrheim
Tel. 07726/666295, Fax 07726/666301
www.badduerrheim.de.

Donaueschingen ⑪

Reitern und Liebhabern zeitgenössischer Musik ist die 20000-Einwohner-Stadt ein Begriff. Der 889 urkundlich erwähnte Ort kam im 15. Jahrhundert an die Fürstenberger, die ihn zur Residenz ausbauten. Übrigens: Am südöstlichen Stadtrand bringen Brigach und Breg die Donau zuweg,

Sehenswert: Schon von weitem sieht man die beiden Zwiebeltürme der barocken **Stadtkirche St. Johann.** Unterhalb des Gotteshauses ist die sog. **Donauquelle** gefasst. Die romantische Anlage zieht Touristen aus aller Herren Länder an.

Museen: Das prachtvoll ausgestattete **Fürstenbergische Schloss** hat im 19. Jh. sein heutiges Aussehen erlangt. Im wenige Schritte vom Schloss entfernten **Karlsbau,** sind die **Fürstenbergischen Sammlungen** untergebracht, die eine Gemäldegalerie, eine naturkundliche Ausstellung und Reminiszenzen aus der Geschichte des Hauses Fürstenberg wie Prunkschlitten und -kutschen umfassen (geöffnet: Di. – So. 10.00 – 13.00 u. 14.00 – 17.00, So. u. Fei. 10.00 – 17.00 Uhr; Hinweis: Die Highlights der fürstlichen Sammlungen, darunter Gemälde von Lucas Cranach d. Ä., Matthias Grünewald und Hans Holbein d. Ä. sowie der Wildensteiner Altar, sind ausgelagert).

Veranstaltungen: Im Oktober trifft sich die künstlerische Avantgarde, wenn die **Donaueschinger Musiktage** für zeitgenössische Tonkunst stattfinden. Alljährlich im Spätsommer findet in den fürstenbergischen Parkanlagen das hochkarätig besetzte **CHI-Reitturnier** statt (Informationen: Fürstenberg Reit- und Fahrturniere GmbH, Tel. 0771/2313, www.chi-donaueschingen.de).

Umgebung: Die hohe Badekultur der Römer kann im nahen **Hüfingen** studiert werden. Das hiesige **Kastellbad** wurde um 70 n. Chr. erbaut (geöffnet: Mai – Okt. So. u. Fei. 14.00 bis 17.00, während der Sommerferien tgl. 10.00 – 17.00 Uhr). Ferner ist Hüfingen bekannt für seine zauberhaften **Blumenteppiche an Fronleichnam** sowie für seine Internationalen **Töpferwochen** (Aug./Sept.) mit großem **Töpfermarkt.**

ⓘ Tourismus- und Sportamt
Karlstr. 58, 78166 Donaueschingen
Tel. 0771/857221, Fax 0771/857228
www.donaueschingen.de

ⓘ Stadt Hüfingen
Hauptstr. 18, 78183 Hüfingen
Tel. 0771/60090, Fax 0771/6009940
www.huefingen.de

Auf dem Dach des Waldes

Das tiefgrüne Herz des Südschwarzwaldes bilden der Feldberg und der zu seinen Füßen gelegene Titisee. An manchen Tagen ist hier die Luft so klar wie Glas, und die Bergwiesen leuchten in einer Intensität, wie sie in tieferen Gefilden nicht zu finden ist. Schon im 19. Jh. entdeckten die rastlosen Engländer dieses Juwel als Reiseziel. Doch selbst heute, da Feldberg und Titisee die Massen anziehen wie Magnete, genügt es, nur ein paar Kilometer seitab zu gehen, um allein zu sein mit den raunenden Tannen, dem federnden Moos und dem wilden Bett der Heidelbeeren.

Geradezu überwältigend ist im Spätfrühling der Blick vom Hochfirst auf den Titisee und das dahinter aufragende Feldberg-Massiv

▲ Ausblick vom Belchen-Gipfel

▼ Frühling bei Heiligenbrunnen

▼ 16-Ender im Steinwasen-Park

▼ Wild tosen die Todtnauer Wasserfälle

▼ *Knöpfleshof bei Titisee-Neustadt*

Hoch hebt der mächtige Feldberg sein kahles Haupt über den Schwarzwald hinaus. Vom seinem höchsten Punkt, 1453 Meter über dem Meeresspiegel, scheinen an manchen Tagen ganz fern im Süden die Schweizer Alpen mit Eiger und Jungfrau zum Greifen nah. Und im Osten schimmert die ›blaue Mauer‹ der Schwäbischen Alb, im Norden dehnt sich der Schwarzwald aus und im Westen grüßen die Vogesen. Man bekommt fast schon neues Fernweh. Gehen, stehen, staunen – mehr braucht man sich für den Feldberg nicht vorzunehmen.

SPECIAL

Im Haus der Natur

Rund 1,5 Millionen Menschen besuchen jährlich die höchste Erhebung Südwestdeutschlands. Noch vor kurzem zeigten sich die unschönen Folgen des starken Andrangs. Die Trittschäden waren so alarmierend, dass die Naturschutzbehörde ein Wegegebot erlassen musste. ›Das ist nicht, um die Leute zu ärgern, sondern um die schlimmen Schäden im Griff zu behalten‹, erläutert Achim Laber, hauptamtlicher Naturschutzwart und Ranger am Feldberg. Am besten zu schützen ist immer das, was auch Wertschätzung erhält. Damit die Besucher ein Auge dafür bekommen, welch Kleinod das Feldbergmassiv darstellt, wurde das Haus der Natur beim Parkplatz Feldberger Hof erbaut. Eröffnet im Spätherbst 2001, informiert eine interaktive Ausstellung über Hochmoore, Blockhalden und Bergbäche am Feldberg, aber auch über Leben und Arbeiten der Schwarzwälder Bauern.

Die lieblichste Tochter

Hoch oben am Seebuck, einem Nebengipfel des Feldbergmassivs, entspringt die Wiese und fließt durch eines der reizvollsten Schwarzwaldtäler. Die 80 km lange Furche ist von einer Zunge des Feldberg-Gletschers während der letzten Eiszeit ausgehobelt worden. Dies bezeugen noch heute die Schleifspuren an vielen Felsblöcken.

Früher wurden auf der Wiese jährlich bis zu 14 000 Festmeter Holz zum Rhein bzw. nach Basel geflößt. Holzgewerbe wie die

▲ Freizeitvergnügen am Titisee

▲ St. Trudpert im Münstertal

▲ Titisee-Rundfahrt

▲ Rossbauer in St. Märgen

▼ Auf Schusters Rappen um den Schluchsee

▼ Nobel, nobel: das Parkhotel ›Adler‹ in Hinterzarten

Schneflerei spielten entlang des Flüsschens eine wichtige Rolle, daneben ernährten vor allem Weben und Spinnen die Menschen in diesem Landstrich.

Westlich oberhalb von Schönau im Wiesental erhebt sich der mächtige, neuerdings von einer Seilbahn erschlossene Belchen (1414 m). Er gilt als der schönste Berg im Schwarzwald und rangiert nach Feldberg (1493 m) und Herzogenhorn (1415 m) auf Platz drei der höchsten Gipfel. Seine felsdurchzogenen Flanken und der steile Anstieg lassen ihn wahrhaft eindrucksvoll erscheinen. Auch vom Belchen aus kann man die Alpen erspähen, sofern das Wetter mitmacht. Rund um seinen kahlen Kopf schlängelt sich eine ganze Anzahl von Wanderwegen.

In der Ortschaft Hausen am unteren Talende wuchs Johann Peter Hebel (1760 bis 1826) auf. Der Dichter, Theologe und Pädagoge hielt wie kein anderer die alemannische Mundart hoch. Und dem Fluss, der sein Heimattal durchzieht, macht er das schönste Kompliment, nannte er die Wiese doch ›des Feldbergs lieblichste Tochter‹.

Sprung ins kühle Nass

Wenngleich der Sommer im Schwarzwald nie so richtig glühend wird, einen Sprung ins kühle Nass lassen sich Wasserratten nicht entgehen. Der Schluchsee lädt besonders dazu ein. Ganz alleine ist man freilich nicht, denn zu den Badegästen gesellt sich die quietschbunte Schar der Segler und Surfer, Taucher und Angler, über die Wasserfläche pflügen Ruder-, Tret- und Elektroboote. Mit 500 ha Fläche ist der Schluchsee der größte See im Schwarzwald, 7,5 km lang und 61 m tief.

Sehr schön ist eine Wanderung rund um den See. Am Südwestufer ist es übrigens besonders ruhig, desgleichen am nahe gelegenen, sehr idyllischen Windgfällweiher, wo man ebenfalls baden und surfen kann.

Wasser macht Kraft

Was den meisten beim Plantschen entgehen dürfte – das Schluchsee-Wasser wird auch noch für andere Zwecke gebraucht: 1932 hat man in Seebruck eine 35 m hohe Staumauer errichtet und damit den ursprünglich nur 3 km langen Natursee in eine Kraftmaschine verwandelt: Lässt man

▲ Berühmte Klostersiedlung: St. Peter ... ▼ ... mit überwältigender Rokoko-Bibliothek

▲ Herbststimmung bei St. Märgen

▲ Prozession in St. Peter

▼ Junge Schäppelträgerin

▼ Rossfest in St. Märgen

das Wasser heute von 930 m Höhe bis zum Hochrhein (300 m ü.d.M.) hinunter brausen, bringen die drei an der Strecke gelegenen Kraftwerke Häusern, Witznau und Waldshut so viel Strom wie ganz Freiburg braucht. Bei Nacht, wenn insgesamt weniger elektrischer Strom verbraucht wird, pumpt man mit überschüssigem Strom wieder Wasser in die höher gelegenen Speicher.

Pioniere des Glaubens

Die ersten Vorposten in der undurchdringlichen Wildnis des Schwarzwaldes bildeten einst die Klöster. Sie erhielten von den Landesherren umfangreichen Besitz im Waldgebirge übertragen und warben nun Bauern aus angrenzenden Gebieten. Unter Leitung der Mönche erschlossen die Kolonisten Hektar für Hektar, rodeten den Wald, um Wiesen und Weiden zu gewinnen. Im Südschwarzwald gründeten die Benediktiner die Klöster St. Blasien (ca. 870) und St. Peter (1093), die Augustiner St. Märgen (1119).

SPECIAL

Mit der Axt erschlagen

Die älteste Klostergründung ist St. Trudpert im Münstertal. Folgende Legende rankt sich um die Entstehung dieses Klosters: Um 640 kam der irisch-schottische Missionar Trudpert ins Tal und errichtete nahe einer Quelle eine Einsiedelei. Doch zwei Knechte, die ihm bei der Urbarmachung des Landes helfen sollten, erschlugen ihn, als er unter einer Kiefer schlief. Wo dieser Mord geschah, steht heute eine Kapelle. Unter ihr sprudelt noch immer Trudperts Quelle hell und klar, ihr Wasser soll heilkräftig sein. Unweit davon entstand um 800 das Benediktinerkloster St.Trudpert.

Bei der Fohlenschau

›Ooooch - wie süüüüüß!‹ Vor allem die Kinder kommen aus dem Seufzen nicht mehr heraus, sobald die Fohlen aus den Anhängern staksen. Bei der St. Märgener Fohlenschau dreht sich alles um den Nachwuchs der sog. Schwarzwälder Füchse. Deren Urahnen sind im 14. Jh. aus der Pferdezucht der Klöster St. Märgen, St. Peter und St. Blasien hervorgegangen. Araberblut

▲ Frühling im Glottertal

▼ Trachtenumzug in St. Märgen

▼ Waldkirch: Originelle Orgel im Elztalmuseum

▼ Bienenhäuschen im Glottertal

▲ Schmerzensmann im Föhrental ▼ Professor Brinkmanns Schwarzwaldklinik im Glottertal

fließt in ihren Adern und das Blut der einheimischen Schwarzwaldpferde. Auch die Soldatenpferde der im Mittelalter durchziehenden Truppen haben ihre Spuren im Gen-Pool hinterlassen. Heute gibt es strenge Rassestandards, das ist auch der Anlass für die Fohlenschau. Vor Preisrichtern müssen die Fohlen ein paar Runden galoppieren. Auch auf einen schönen Kopf und ein wachsames Auge schauen die Juroren. Fohlen, die den Standards entsprechen, bekommen an Ort und Stelle ein Brandzeichen in Form eines Tannenbäumchens eingedrückt. Die Zuschauer zucken zwar zusammen, wenn der Schmied das Eisen ansetzt, es dampft und zischt, das Fohlen schnaubt, angeblich soll das Brennen aber nicht schmerzen.

Einst wurden die trittsicheren Schwarzwälder Füchse zum Holzrücken in den Steilhängen eingesetzt, heute werden sie gern als Reitpferde und Zugtiere verwendet. Dank ihrer Gutmütigkeit und vor allem ihrer Zuverlässigkeit sind es sehr beliebte Pferde. Und genügsam sind sie auch, damit kommen sie mit der kargen Hochschwarzwald-Landschaft gut zurecht.

Heile Welt

Endloser Verkehrstrubel in der Rheinebene und dann taucht plötzlich dieses Schild auf: ›Glottertal‹ steht darauf geschrieben, das klingt verheißungsvoll nach Frieden und Kuhglocken, nach Wald und Wiesen. Und nach ›Schwarzwaldklinik‹: Denn die Fernsehserie machte das Glottertal im Handumdrehen zum bekanntesten Tal des Schwarzwaldes. Immerhin heilte hier Professor Brinkmann zwischen 1985 und 1989 Schmerzen und Herzen mit ruhiger Hand. Die ›Schwarzwaldklinik‹ im Glottertal gibt es tatsächlich, allerdings handelt es sich nicht um ein Krankenhaus, sondern um das Reha-Zentrum der Landesversicherungsanstalt. Dort drinnen wurde freilich nicht gedreht, die Innenaufnahmen entstanden alle im Studio. Bevor das Glottertal zum Schauplatz der beliebtesten und erfolgreichsten deutschen Fernsehserie wurde, hatte es vor allem seines guten Weines wegen die Schwarzwaldbesucher angelockt. Daran hat sich bis heute nichts geändert, während die Drehteams längst abgezogen sind.

Teningen
EMMENDINGEN
Eichstetten am Kaiserstuhl
Bötzingen
Gutach im Breisgau
WALDKIRCH
Sexau
Denzlingen
Simonswald
Triberg im Schwarzwald
Schönwald im Schwarzwald
FURTWANGEN im Schwarzwald
Gündelfingen
FREIBURG im Breisgau
Umkirch
Gottenheim
Glottertal
Sankt Peter
Sankt Märgen
Stegen
Merzhausen
Schallstadt
Ebringen
Kirchzarten
Buchenbach
Pfaffenweiler
Ehrenkirchen
Bollschweil
Bad Krozingen
STAUFEN im Breisgau
Oberried
Hinterzarten
Breitnau
TITISEE-NEUSTADT
Feldberg
Münstertal/Schwarzwald
SULZBURG
TODTNAU
Lenzkirch
Schluchsee
SCHÖNAU im Schwarzwald
Belchen
SANKT BLASIEN
Grafenhausen
Todtmoos
Dachsberg
Höchenschwand
ZELL im Wiesental
Hausen im Wiesental
Steinen
SCHOPFHEIM
Maulburg
WEHR
Herrischried
Görwihl
Rickenbach
Albbruck
WALDSHUT-TIENGE
Weilheim
Dogern
Deutsche Uhrenstraße
Badische Weinstraße
Schwarzwald-Panoramastraße
Maßstab 1:200.000
0
3 km

Infos

Loipengänger auf der berühmten Thurnerspur

Waldkirch ①

Das Zentrum des Elztales (20 000 Einw.) am Fuße des Kandel (1243 m) gilt als nette Alternative zu Freiburg. Es gibt es einen hübschen Stadtkern und vielerlei touristische Angebote. Im Jahre 918 wurde hier ein Kloster gegründet. Dazu gesellten sich Burg und Stadt der Herren von Schwarzenberg. 1799 legte Matthias Martin den Grundstein für Waldkirchs Aufstieg zur europäischen Orgelbau-Metropole.

Sehenswert: Die barocke Stadtkirche **St. Margaretha** wurde 1732 – 1734 vom Vorarlberger Baumeister Peter Thumb erbaut und von namhaften Künstlern prachtvoll ausgestattet. Über der Stadt sieht man die Zinnen der im 30-jährigen Krieg ruinierten **Kastellburg**. Von oben hat man einen tollen Ausblick.

Museum: Alles über Orgeln erfahren Besucher im **Elztalmuseum.** Von den einfacheren Exemplaren der Frühzeit bis hin zu pompösen Luxusvarianten reicht die Sammlung historischer Dreh- und Kirmesorgeln. Außerdem sind hier Möbel, Trachten und diverse Accessoires der Wohnkultur ausgestellt (Kirchplatz 14; geöffnet: Ostersonntag – Okt. Di. – Sa. 15.00 – 17.00, So. 11.00 – 17.00, Nov. bis Ostersamstag Mi., Fr., Sa. 15.00 – 17.00, So. 11.00 – 17.00 Uhr).

Veranstaltungen: Alle drei Jahre laden Waldkirch und seine Orgelbauer zum **Orgelfest** ein, das nächste Mal im Sommer 2005.

Umgebung: Ca. 3 Std. dauert der Aufstieg zu Fuß auf den 1243 m hohen **Kandel**, per Auto (Panoramastraße) allerdings nur wenige Minuten. Oben verläuft ein Höhenrundweg, von unten grüßen **Elztal, Simonswäldertal** und **Glottertal**. Der ca. 6 km lange **Simonswälder Mühlenwanderweg** führt an einigen alten Mühlen vorbei, so auch an einer Ölmühle von 1712 (geöffnet: Do. 10.00 bis 12.00, 13.30 – 17.00 Uhr). Die romantischen **Zweribachfälle**, den aussichtsreichen **Kapfenberg** und die idyllische **Rankenmühle** erreicht man im Rahmen einer zwar anstrengenden, landschaftlich aber wunderschönen Wanderung (16 km, 4 Std.) von **Wildgutach** aus. Wer schon immer wissen wollte, wo die aus dem Fernsehen bekannte Schwarzwaldklinik steht, begebe sich ins nahe und landschaftlich überaus reizvolle **Glottertal**, in dem es auch guten Wein und beste Schwarzwälder Küche zu genießen gibt. Etwas versteckt, oberhalb der neuen Reha-Klinik findet man die Wirkungsstätte von Professor Brinkmann.

ⓘ Tourist-Information ZweiTälerLand
Kirchplatz 2, 79183 Waldkirch
Tel. 07681/19433, Fax 07681/404107
www.zweitaelerland.de

St. Peter ②

Am Südhang des Kandel ist St. Peter (2500 Einw.) zwischen Wiesen und Wälder eingebettet. 1093 gründete der Zähringer-Herzog Bertold II. hier sein Hauskloster samt Grablege. Wichtigster Erwerbszweig war früher das Uhrmacherhandwerk. 1950 rückten Filmteams an, um hier den ersten deutschen Nachkriegs-Farbfilm ›Schwarzwaldmädel‹ zu drehen.

Sehenswert: Ortszentrum ist das 1806 aufgelöste **Kloster St. Peter**, es beherbergt heute das Priesterseminar der Erzdiözese Freiburg. Die Barockanlage mit wundervoll ausgestatteter Klosterkirche und großartiger Rokoko-Bibliothek ist im 18. Jh. nach Plänen des Baumeisters Peter Thumb entstanden. Matthias Faller schnitzte die Putti und das Chorgestühl, Franz Josef Spiegler schuf die Deckenfresken und der Kunsthandwerker Clerici die Stukkaturen. Zu empfehlen ist eine Führung durch Süddeutschlands schönste **Bibliothek** (Führungen: So., Fei. 11.30, Di., 11.00, Do. 14.30 Uhr u. n. V., Erzbischöfliches Priesterseminar St. Peter, Klosterhof 2, Tel. 07660/91010).

Veranstaltungen: Im Sommer finden die **Schwarzwälder Kulturtage** mit Kunsthandwerkermarkt statt. Weitere Höhepunkte sind die **Orgelkonzerte** in der Barockkirche (jeden So. im Juli u. Aug.) sowie die **Musiktage St. Peter** (letztes Sept.-Wochenende).

Umgebung: Von St. Peter führt ein Sträßchen auf den 1242 m hohen **Kandel** hinauf, von dem sich ein herrlicher Ausblick bietet.

ⓘ Tourist -Information
Klosterhof 11, 79271 St. Peter
Tel. 07660/910224, Fax 07660/910244
www.st-peter-schwarzwald.de

St. Märgen ③

Auf einem Sonnenplateau zwischen Feldberg und Kandel liegt der Luftkurort St. Märgen (1900 Einw.). Einzelne Höfe, grasende Kühe und die Türme der Wallfahrtskirche vervollständigen das Postkartenidyll. Entstanden ist St. Märgen aus einer Klostergründung im Jahre 1118, an die heute noch der Prälatenbau erinnert.

Sehenswert: Der Vorgängerbau der heutigen **Wallfahrtskirche St. Maria** datiert ins Jahr 1493 und wurde 1560 zerstört. Ein Neubau, zwischen 1716 und 1723 errichtet, fiel 1907 einem Brand zum Opfer, wurde aber wieder aufgebaut. Den Brand überstanden haben die vier Figuren am Hochaltar von Matthias Faller (1707 – 1791). Das romanische Gnadenbild soll noch aus der Gründungszeit des Klosters (12. Jh.) stammen.

Veranstaltungen: Alljährlich im August findet in St. Märgen die **Fohlenschau** statt, bei der die schönsten Schwarzwälder Füchse zu bestaunen sind. Alle drei Jahre (das nächste Mal im Sept. 2004) feiert man hier das **Rossfest** (Tag des Schwarzwälder Pferdes), eines der schönsten Feste weit und breit.

Umgebung: Lohnend ist ein Spaziergang zur 1734/1735 erbauten **Ohmenkapelle** der wundervollen Fernsicht wegen.

ⓘ Tourist-Information
Rathausplatz 1, 79274 St. Märgen
Tel. 07669/911817, Fax 07669/911840
www.st.maergen.de

TIPP

Thurnerspur

Als eine der schönsten Langlaufstrecken im südlichen Schwarzwald gilt die Thurnerspur bei St. Märgen. Sie beginnt an der B 500 zwischen Furtwangen und Hinterzarten. Auf 1030 bis 1190 m Höhe wird immer wieder der Blick auf Alpen und Vogesen frei, dazu kommen flotte Waldabfahrten und ein abwechslungsreiches Gelände. Die 20-km-Strecke ist Teil des 100 km langen Skifernwanderweges von Schonach zum Belchen. Die gesamte Strecke zu absolvieren, ist allerdings nur gut Durchtrainierten zu empfehlen, immerhin sind insgesamt 2300 Höhenmeter zu bewältigen (Auskunft: Tourist-Information St. Märgen).

Trachtenumzug in St. Märgen

Hinterzarten 4

Berühmtester Bürger von Hinterzarten (2300 Einw.) ist Georg Thoma, 1960 Olympiasieger und 1966 Weltmeister in der Nordischen Kombination. Sein Heimatort hat sich inzwischen zu einem der bedeutendsten Ferienorte und Wintersportplätze im Schwarzwald entwickelt.

Sehenswert: Im Hugenhof ist das **Schwarzwälder Skimuseum** eingerichtet (geöffnet: Di., Mi., Fr. 15.00 – 18.00, Sa., So., Fei. 12.00 bis 18.00 Uhr). Von weitem sieht man die **Adlerschanze,** die winters wie sommers Schauplatz hochkarätiger Skisprung-Wettbewerbe ist (Führungen n. V.). Im **Hinterzartener Hochmoor** (Naturschutzgebiet) am östlichen Ortsausgang gedeihen seltene Pflanzen wie Moorbeere und Sonnentau.

Aktivitäten: Ob Loipen oder mit Flutlicht beleuchtete Pisten, Eisbahn oder Rodelstrecke, für Wintersportler tut man in Hinterzarten einfach alles. Und im Sommer kann man herrlich wandern, Tennis spielen, Mountainbike fahren und es sich gut gehen lassen.

Veranstaltungen: Im August trifft sich die Skispringer-Elite an der Adlerschanze zum **FIS-Sommer-Grand-Prix** (Auskunft: www.sommerskispringen-hinterzarten.de). Hinterzarten ist auch Ziel des winterlichen **Schwarzwald-Skimarathons,** der in Schonach gestartet wird.

Umgebung: Nördlich Hinterzarten erstreckt sich die **Breitnau,** ein wunderschönes Hochtal mit alten Schwarzwaldhöfen. Westlich von Hinterzarten geht es hinunter ins wilde **Höllental,** durch das sich Eisenbahn und Autoverkehr zwängen. Unten am **Höllsteig** steht das 1148 geweihte Kirchlein **St. Oswald,** in dessen Beinhaus Totenschädel und Knochen leichtes Schaudern erzeugen. Weiter talabwärts zwängen sich Höllbach und Bundesstraße durch eine enge Schlucht namens **Hirschsprung.** Der Bronze-Hirsch auf der Felszinne erinnert daran, dass sich hier ein Artgenosse mit einem Satz über die Klamm vor Jägern gerettet haben soll.

ⓘ Hinterzarten Breitnau Tourismus GmbH
Freiburger Str. 1, 79856 Hinterzarten
Tel. 07652/120642, Fax 07652/120649
www.hinterzarten.de

Titisee-Neustadt 5

Der heilklimatische Kurort am Titiseeufer und die im 13. Jh. gegründete Stadt Neustadt, in der Uhrmacher, Schindelmacher, Wagner und Schmiede lange das Bild prägten, sind seit der Gemeindereform zur heute 12 000 Einwohner zählenden Doppelstadt zusammengefasst.

Sehenswert: Hauptattraktion ist der **Titisee** selbst, ein in der Eiszeit entstandener 2 km langer und ca. 700 m breiter Moränenstausee, der glasklar und stahlblau zu Füßen des Feldbergmassivs schimmert. An Sommerwochenenden geht es hier hoch her und statt des Waldes scheint sich ein Menschengürtel um den See zu legen. Die **Seestraße** im Kurort am See wird als schönste Flaniermeile im Schwarzwald gerühmt.

Aktivitäten: Dem **Wassersport** in all seinen Spielarten kann am Titisee gefrönt werden, ob baden, rudern oder surfen. Auch Ausflugsboote sind unterwegs. Der See gilt als **Angelparadies:** Hecht, Barsch, Zander, Forelle, Schleie, Rotauge usw. gehen hier an den Haken. Im Winter kann man auf dem zugefrorenen See eislaufen. Skispringer treffen sich an der **Hochfirstschanze.** Ebenfalls am Hochfirst gibt es eine 1200 m lange **Rodelbahn.** Auch Loipengeher respektive Wanderer kommen am Titisee auf ihre Kosten.

Veranstaltungen: Absoluter Höhepunkt im Veranstaltungskalender ist das **FIS Weltcup Skispringen** auf der Hochfirstschanze (Mitte Dez.; Info-Tel. 07651/935560).

Umgebung: Einen tollen Blick auf Titisee und Feldberg genießt man vom 1192 m hohen **Hochfirst,** der sich östlich vom Titisee erhebt. Hinter diesem Aussichtsberg und nur wenige Autominuten vom Titisee entfernt liegt der heilklimatische Kurort **Lenzkirch** (3200 Einw.) im sonnigen Haslachtal. Gut eine Etage höher, am Hochfirst-Südhang, empfängt der kleine Kurort Saig mit dem berühmten Kurhotel Saigerhöh erholungsbedürftige Gäste.

Auf geht´s zu einer Rundfahrt auf dem Titisee

ⓘ Tourist-Information
Postfach 2052, 79815 Titisee-Neustadt
Tel. 07651/98040, Fax 07651/980440
www.titisee.de
Kur und Touristik
Am Kurpark 2, 79853 Lenzkirch
Tel. 07653/68439, Fax 07653/68420
www.lenzkirch.de

Feldberg 6

Mütze und Schal nicht vergessen, denn auf Baden-Württembergs höchstem Berg (1493 m) pfeift fast das ganze Jahr über ein kräftiger Wind. Vom Parkplatz am Feldberger Hof kann man mit einer Kabinenbahn zum Gipfel hinaufschweben. Oben isst man das Vesperbrot im Schatten des neuen SWR-Funkturms.

Sehenswert: Im neuen **Haus der Natur,** das zugleich auch Naturschutzzentrum des Naturparks Südschwarzwald ist, informiert man sich über die Pflanzen- und Tierwelt des Hochschwarzwaldes (geöffnet: Di. – So. tgl. 10.00 – 17.00 Uhr, Info-Tel. 07676/933 60).

Aktivitäten: Lohnend ist eine **Wanderung** vom Parkplatz Feldberger Hof über den Seebuck, dann weiter zum Raimartihof und hinunter zum Feldsee, einem Karsee des eiszeitlichen Feldberggletschers, der wie ein dunkles Auge inmitten grüner Wälder ruht. Von hier zurück zum Feldberger Hof (9 km, knapp 3 Std.). Eine zweite Wanderung mit Start und Ziel am Parkplatz bei der Stollenbacher Hütte führt über die Erlenbacher Weide, den Toten Mann und den Hüttenwasen zur St. Wilhelmer Hütte und weiter hinauf zum Feldbergturm. Schließlich erreicht man die Zastlerhütte (13 km, 4 Std.). Die Feldbergregion ist das größte und höchstgelegene **Wintersportgebiet** Südwestdeutschlands. 28 Lifte bringen Skiläufer und Snowboarder zu Pisten aller Schwierigkeitsgrade.

ⓘ Tourist Information, 79868 Feldberg
Tel. 07655/8019, Fax 07655/80143,www.feldberg-das-hoechste-im-schwarzwald.de

Schluchsee 7

Als die Engländer im 19. Jh. den Schwarzwald als Ferienregion entdeckten, kamen viele hier her zum Angeln. Der Schluchsee, damals noch ein kleiner Natursee, stand dank seines Fischreichtums ganz oben auf der Hitliste. Auch heute

Infos

Muntere Skihaserln am Seebuck

noch suchen zahlreiche Gäste ihr Petri Heil am See, der – mittlerweile ein größerer Stausee – heute allerdings fest in der Hand von Surfern und Seglern erscheint. Rund um den See herrscht im Sommer höchste Betriebsamkeit.

Aktivitäten: Wem das Plantschen im See zu langweilig ist, der kann sich im Spaßbad **Aqua-Fun** mit Riesenrutsche, Strömungskanal und Abenteuerspielplatz vergnügen (geöffnet: Ende Mai – Mitte Sept. tgl. 9.00 bis 19.00 Uhr). Neuerdings ist der Schluchsee auch ein beliebtes **Tauchrevier** (Info: Tauchschule M. Lang, Tel. 07751/4485). Im Sommer verkehrt ein kleiner **Ausflugsdampfer** (tgl. 10.00 – 17.00 Uhr, Info: T. Toth, Tel. 07656/9230). An einigen Stellen kann man **Segel-, Tret- und Ruderboote** ausleihen. Rund um den See gibt es **Wander- und Radwege**, im Winter lockt die **Natureisfläche.**

Veranstaltungen: Großes **Seenachtsfest** mit Feuerwerk (1. Aug.-Wochenende).

Umgebung: Idylle pur findet man etwa 2 km nordwestlich vom Schluchsee am **Windgfällweiher** bei Altglashütten. Hier gibt es ein Strandbad und eine Surfstation.

TIPP

Mit dem Ranger unterwegs

Mit dem Ranger auf Tour zu gehen, klingt verheißungsvoll: ›Wir kommen an den schönsten Ecken des Feldberges vorbei‹, verspricht Ranger Achim Laber. An Felsen, Lawinenbahnen, Flachmooren und Bannwäldern. Dreizehenspecht und Sperlingskauz fühlen sich in diesen Urwäldern aus Tannen und Buchen sehr wohl. Fichten, die aussehen wie riesige Pfeifenputzer, haben sich ans Leben in der Höhe besonders angepasst. ›Die gibt's nur hier‹, weiß Achim Laber, ›mit ihren eng anliegenden Ästen sind sie gut vor Schneedruck geschützt‹ (Info: Haus der Natur, Tel. 07676/933630).

ⓘ Tourist Information
Postfach 1169, 79859 Schluchsee
Tel. 07656/7732, Fax 07656/7759
www.schluchsee.de

Todtnau 8

Unten im Wiesental, zu Füßen von Feldberg, Herzogen- und Hasenhorn, liegt das alte Bergmann-, Holzhauer- und Bürstenmacherstädtchen (5000 Einw.), das heute Kernort des gleichnamigen Ferienlandes und eines abwechslungsreichen Wandergebietes ist. Im Jahre 1891 wurde hier der erste Ski-Club Deutschlands gegründet.

Sehenswert: Nordwestlich oberhalb der Stadt, nahe an der Notschrei-Passstraße, donnern die **Todtnauer Wasserfälle**. Hier stürzt sich der Stübenbach 94 m in die Tiefe.

Aktivitäten: Wer sein Fahrrad liebt .... Der Satz gilt nicht am **Hasenhorn**, denn per Lift können sich hier die Mountainbiker nach oben bringen lassen. Abfahrt total verspricht sodann die ›Black Forest Pipeline‹ im **Mountainbike-Funpark** (geöffnet: Mai – Okt. tgl. 9.30 – 17.30 Uhr, März u. April nur Sa. u. So.; Info: Tel. 0171/3183763, www.mtb-funpark.de). Todtnau ist ein Mekka des Wintersports. Beim Fahl gibt es eine **FIS-Weltcup-Skiabfahrt**, dazu weitere Pisten aller Schwierigkeitsgrade und eine Spungschanze. Gemütlich geht es in **Todtnauberg** zu, wo ebenfalls ein Skizirkus eingerichtet ist.

Umgebung: Der Philosoph Martin Heidegger (1889 – 1976) zog sich gerne in seine ›Hütte‹ in **Todtnauberg** zurück. Heute kann man auf den Spuren des berühmten Geisteswissenschaftlers rund um den Ort wandern.

ⓘ Tourist-Information Todtnau
Tel. 07671/969695, Fax 07671/636
Tourist-Information Todtnauberg
Tel. 07671/969690, Fax 07671/9220
www.todtnauer-ferienland.de

Münstertal 9

Am Westfuß des geheimnisumwitterten Belchen liegt die weit verstreute Siedlung (5100 Einw.), deren Geschichte schon sehr früh begann. Das Kloster St. Trudpert war im 7. Jh. einer der wichtigsten Ausgangspunkte für die Besiedlung des Schwarzwaldes. Berühmt wurde das Tal durch seine einstmals reichen Silbervorkommen.

Sehenswert: Das Barock-Ensemble des ehem. Klosters **St. Trudpert** hat der Vorarlberger Baumeister Peter Thumb entworfen. Im Kircheninneren beeindruckt ein Deckengemälde von Giorgioli. Ein romanisches Vortragekreuz wird in der Sakristei aufbewahrt.

Museen: Rund um Bienen und Honig dreht sich alles im bedeutendsten **Bienenkundemuseum** Europas (geöffnet: Mi., Sa., So., Fei. 14.00 – 17.00 Uhr). Das stillgelegte Silberbergwerk **Teufelsgrund** kann besichtigt werden (geöffnet: April – 15. Juni u. 16. Sept. bis Okt. Di., Do., Sa., So. 14.00 – 17.00, 16. Juni bis 15. Sept. Di. – So. 14.00 – 18.00, Nov. Sa., So. 14.00 – 17.00 Uhr). Ein Seitengang wird heute als Asthma-Therapie-Stollen genutzt.

Veranstaltungen: Zwei wichtige kirchliche Feste sind das **St.-Trudpert-Fest** (letzter So. im April) und die **Himmelsfahrtsprozession**; beide Male wird das kostbare romanische Vortragekreuz aus St. Trudpert gezeigt.

Umgebung: Viele Wege führen auf den 1414 Meter hohen **Belchen**, den dritthöchsten Schwarzwaldberg, der mächtig am Ende des Münstertales aufragt. Bereits 1949 wurde das Gebiet unter Schutz gestellt: Hier gedeiht eine alpine Flora und Fauna, darunter Alpenheckenrose und Felsenehrenpreis. Wer Glück hat, vernimmt auch den eigenartigen Krok-Krok-Ruf des Kolkraben. Auer- und Haselwild kann man ebenfalls beobachten. Erst jüngst sind ein paar Gämsen heimisch geworden.

Die Gipfelstraße ist gesperrt, dafür können Besucher mit der ehemaligen Expo-2000- Kabinenbahn von Multen (Jägestüble) zum Belchenhaus hinaufschweben. Vom Belchengipfel genießt man bei entsprechender Wetterlage einen überwältigenden Rundblick. Man schaut über die Rheinebene hinweg zu den Vogesen und nach Süden bis zu den Schweizer Alpen.

ⓘ Kurverwaltung/Tourist-Information
Wasen 47, 79244 Münstertal
Tel. 07636/70730, Fax 07636/70748
www.muenstertal.de

TIPP

Baden im Gletscherkar

Fast allein badet man auch an den heißesten Sommertagen im Nonnenmattweiher oberhalb von Neuenweg. Das höchst romantische wassergefüllte Kar eines eiszeitlichen Gletschers ist eingerahmt von steilen Wäldern. In der Mitte des Weihers schwimmt eine kleine Torfinsel, die allerdings nicht betreten werden darf. Einen Imbiss gibt es bei der Fischerhütte gleich am See. Man erreicht den kleinen See zu Fuß von Parkplätzen an der Landstraße Neuenweg – Badenweiler.

Kornhaus
Café
Konditorei
AUF ZWEI ETAGEN
Café
Konditorei
INH. M. HAUSIN
KORNHAUS-PASSAGE

Alt und alternativ

Jung und gleichzeitig uralt, sonnenverwöhnt und mit kühlenden Brisen aus dem Schwarzwald gesegnet, wer einmal in Freiburg war, der kommt gern wieder. Die südlichste Großstadt Deutschlands, die ›Perle des Oberrheins‹ im schönen Breisgau gelegen, pulsiert zu allen Jahreszeiten. Wunderbar ist es, in ihren Gassen den Tag zu verbringen, einen Ausflug auf Freiburgs Hausberg Schauinsland zu unternehmen oder in einem gemütlichen Kaiserstühler Winzerdorf ein Gläschen Wein zu genießen …

Ein Farbenmeer: Blick vom Turm des Freiburger Münsters auf den Samstagsmarkt

▲ Der Freiburger Münsterturm im Abendlicht

▲ Im Münster: Marienkrönung von Hans Baldung Grien

▲ Türmerstübchen im Freiburger Münster

▼ Mittelalterliche Kunst im Augustinermuseum

▲ Blick vom Münsterturm über Freiburgs Altstadt

▼ Straßenmusikant

Früh am Morgen gehört Freiburg ganz und gar der Vergangenheit. Still liegt der Münsterplatz, noch kein Schritt hallt auf dem Kopfsteinpflaster wieder. Schweigend blicken die Steinfiguren vom Münster herab. Langsam kehrt die Welt zurück zu den Farben. Rötlich leuchtet das gotische Maßwerk auf, zartgolden antwortet der österreichische Doppeladler am historischen Kaufhaus, Signum der Macht in einer anderen Zeit. Tauben gurren, ein kurzer Windstoß vom Schwarzwald herab macht frösteln, dann zerbricht das Bild: Anschwellendes Motorengeräusch holt die Gegenwart zurück. Autos kommen, Türen öffnen sich, Grüße fliegen hin und her, die Marktbeschicker spannen bunte Schirme auf, wuchten schwere Gemüsekisten und Kartoffelsäcke aufs Pflaster, Bündel duftender Kräuter, dazu opulente Blumensträuße in Hülle und Fülle. Es wird noch eine Weile dauern, dann leuchtet der Marktplatz in der Sonne. Frauen füllen ihre Einkaufskörbe, Kinder zerren an der Hand, Studenten schwatzen am Brunnen, Touristen fangen das Münster auf Video ein, um dann in Straßencafés dem heiter-lässigen Treiben zuzusehen. Deutschlands südlichste Großstadt ist vom Flair des Südens voll und ganz durchdrungen. Nur sehr früh am Morgen nicht. Dann gehört Freiburg ganz und gar der Vergangenheit.

Macht und Wohlstand

So idyllisch Freiburg auch liegen mag, vor einer wechselvollen Geschichte hat dies die Stadt keineswegs bewahrt. Gegründet wird sie 1091 von den Zähringern. Dank der verkehrsgünstigen Lage und der reichen Silbervorkommen im nahen Waldgebirge kommt sie rasch zu Wohlstand und Macht. Nach dem Aussterben der Zähringer übernehmen die Grafen von Urach die Herrschaft. Doch mit diesen kommen auch endlose Kriege über die Stadt. Der Auseinandersetzungen müde nutzen die Freiburger die schlechte finanzielle Situation der Grafen, kaufen sich 1368 los und unterstellen sich dem Schutz des Doppeladlers: Rund 450 Jahre lang wird die Stadt mit ein paar Unterbrechungen zu Österreich gehören. In diese Zeit fallen Belagerungen und Kriege, zunächst geht es mit Freiburg wirtschaftlich bergab. Doch die Städter rap-

▲ Freiburg: Colombischlössle ...

▼ ... und Kollegiengebäude I der Universität

▲ Martinstor

▼ Erholung am ›Bächle‹

▲ Leben vor dem Neuen Rathaus

▼ Lauschiger Biergarten der Gasthaus-Brauerei Feierling

peln sich wieder auf. Erzherzog Albrecht legt 1457 mit der Gründung der Universität den Grundstein für Freiburgs künftige Rolle als Bildungsmetropole. Repräsentative Bauten entstehen, darunter das historische Kaufhaus und das Kornhaus.

›Himmel aus Stein‹

Um 1200 setzten Baumeister Bertolds V. von Zähringen den ersten Stein für ein Gotteshaus, in das die Freiburger 300 Jahre lang viel Geld investieren sollten. 1513 ist der letzte Stein an seinen Platz gesetzt und damit ein Bauwerk vollendet, das im ›schönsten Turm der Christenheit‹ gipfelt, wie Kunsthistoriker Jacob Burckhardt später über das Münster jubilierte. Von außen eine gotische Kaskade aus Buntsandstein, scheinen die Gewölbe im Inneren fast zu schweben und bilden einen ›Himmel aus Stein‹, während durchs filigrane Maßwerk der Fenster das Licht spielt. Außergewöhnlich sind auch die Kunstschätze in der Kirche, darunter der zwischen 1512 und 1516 von Hans Baldung Grien geschaffene Hochaltar. Der Aufstieg in den Turm über die 328 Stufen führt an der ältesten Angelusglocke der Welt vorbei, der 1258 gegossenen ›Hosanna‹.

Von oben bietet sich ein herrlicher Ausblick: Den Schwarzwald im Rücken, öffnet sich die Stadt zur Oberrheinebene. Große Teile der im Zweiten Weltkrieg zerstörten Altstadt sind wieder aufgebaut, die Autos inzwischen fast ganz aus der Innenstadt verbannt. Wen wundert's also, dass Freiburgs Zentrum fest im Griff der Radfahrer erscheint? Die 30 000 Studenten am Ort stellen dabei die stärkste Gruppe der Radfahrerfraktion. Noch eine Besonderheit fällt Freiburg-Besuchern auf: Die ›Bächle‹, die in schmalen Kanälchen (insges. 14 km) die Innenstadt durchziehen, entstanden im 12. Jh. als Viehtränken und Wasserleitungen. Heute plantschen Kinder im Sommer barfuß in den Bächle herum.

Das Silber und der Berg

Im klirrend kalten Wintersturm verwandeln sich die Buchen hoch oben am Schauinsland in fantastische Gestalten, die Äste schwer von Schnee und Eis. Doch sonst sind die Wiesen auf dem berühmten Berg eher baumarm und gemahnen an die Ver-

▲ Solarstrom-Gewinnung an der Munzinger Straße

▼ Frühling bei Oberried

▼ Alte und neue Energieträger am Rappenecker Hof

▲ *Kleinod im Möhlintal: St. Ulrich*

▼ *Museumsbergwerk im Schauinsland*

SPECIAL

Solar City

Hochburg der Grünen, Bunten und Alternativen, so wird Freiburg gern genannt. 2002 haben sich die Freiburger gar einen grünen Oberbürgermeister auf den Rathaussessel geholt. Schon 1986 beschloss der Stadtrat den Ausstieg aus der Atomenergie und gleichzeitig die verstärkte Nutzung regenerativer Energien. In Freiburg residiert nicht nur der Dachverband für Solarenergie, auch viele Forschungsinstitute, darunter auch das Öko-Institut sowie das Kiepenheuer-Institut für Sonnenphysik, sorgen vor Ort für ein straffes Netzwerk an Know-how. Etwa 1800 Sonnenstunden im Jahr schreien geradezu nach Solaranlagen. So prangen vom Dach des Dreisam-Stadions Photovoltaikzellen, ebenso von der Solar-Fabrik an der Munzinger Straße. Auf dem Rappenecker Hof am Schauinsland ist man stolz auf die autonome Stromversorgung durch Solarzellen und Windenergie. Gleich in der Nähe steht das Observatorium der Freiburger Sonnenphysiker, in dem man unter Profi-Anleitung in die Sonne schauen darf.

gangenheit. Einstmals ließen die Freiburger hier nach Erzen schürfen. Dem Bergbau fiel ein Großteil des Waldes zum Opfer. Dafür bescherten die Silbervorkommen den Freiburgern im 13. und 14. Jh. einen beispiellosen wirtschaftlichen Aufschwung. Wie sonst hätten sie daran denken können, ein Projekt wie das Münster in Angriff zu nehmen? Wie sonst hätten sich die Bürger 1368 von den Uracher Herrschern loskaufen können?

Das Edelmetall wurde bis nach Italien verkauft oder zu Münzen geschlagen. Ein Raben- oder ein Adlerkopf zierte dabei die in Freiburg geprägten Stücke. Gemeinsam mit anderen Münzorten am Oberrhein, im Elsass und in der Schweiz schlossen sich die Freiburger zum ›Rappenmünzenbund‹ zusammen. Bis heute heißt die kleinste Münze der Schweiz ›Rappen‹. Doch die Entdeckung Amerikas sollte im Schwarzwald ein wirtschaftliches Beben auslösen: Ein Meer von Edelmetall aus der Neuen Welt überschwemmte den europäischen Markt, der daraufhin zusammenbrach.

▲ Tuniberg mit Ehrentrudiskapelle

▼ Puppenstube im Kaiserstühler Winzerort Burkheim

▼ Löss-Hohlweg ›Eichgasse‹ im Kaiserstuhl

▼ Berühmte Aussicht im Kaiserstuhl: die Mondhalde

▲ Weinlese am Badenberg bei Oberrotweil

Zeugen einer Zerreißprobe

Geologie scheint oft langweilig, weil alles unendlich langsam vor sich geht und man als Mensch so gar nichts davon mitbekommt. Im Zeitraffertempo gesehen müsste die Geburt des Kaiserstuhles aber ein ganz großartiges Schauspiel ergeben: Das Grundgebirge wölbt sich weit und immer weiter auf, bis sein Scheitel aufplatzt, der Rücken einbricht und der Oberrheingraben entsteht. Weil sich durch diese Zerreißprobe Erdschollen verschieben, brodeln und wallen die Kräfte aus dem Erdinneren an die Oberfläche. Vor rund 15 Mio. Jahren beginnen die Vulkane am späteren Kaiserstuhl zu spucken. Magma tritt aus, Lava, Tuff und Ganggesteine entstehen, von denen außer Geologen noch kaum jemand gehört hat, so etwa Limburgit und Mondhaldeit. Dann benagen Wind und Wasser den erloschenen Riesen. Ganz verschwindet er nicht, denn feinste Sande, vom Sturm herangeweht, umlagern Millimeter für Millimeter seinen Sockel, bis der vulkanische Kern unter einer mächtigen Lössdecke verschwindet. Weil Löss aber so fruchtbar ist und am Kaiserstuhl die Temperaturen so hoch sind wie sonst nirgends in Deutschland, eignet sich das Gebiet bestens für den Weinanbau. Und dass sich hier ein Dorado für Geologen entwickelt hat, versteht sich. Am liebsten würde man ja selbst ein wenig Limburgit lospickeln.

Kampf am Vulkan

Breisach: Majestätisch thront das Münster über dem Rhein. Besonders nachts, wenn die Scheinwerfer an sind, strahlt das Gotteshaus die Macht einer Festung aus. Wie das meiste, was sich rund um den Kaiserstuhl erhebt, ist auch der Münsterberg vulkanischen Ursprungs. Doch zur Ruhe kam dieses Fleckchen Erde nicht. ›Wasserbrecher‹ – ›brisin-ac‹ nannten die Kelten ihren Fürstensitz, weil damals noch der ungebändigte Rhein an den Felsen donnerte. Bei Hochwasser verwandelte sich die Feste in eine Insel. Auch die Römer legten an dieser Stelle ein Kastell an: ›Mons brisiacus‹ tauchte 369 n.Chr. erstmals in den Annalen auf. Stets blieb Breisach Mittelpunkt des Interesses aller Gebietsfürsten. Der Zähringer Bertold V. baute 1198 eine Burg, die erst im 18. Jh. abgetragen werden soll-

Sonnenaufgang am Totenkopf

Fachwerk in Burkheim

Der Burkheimer Kellermeister Erhard Kühn prüft den Roten

Hochaltar im Breisacher Münster

▲ Breisach und sein Münster

▼ Stolze Storchenmutter

SPECIAL

Flurbereinigung mit Tücken

Fortschritt mit Schönheitsfehlern könnte man die Flurbereinigung nennen, die in den 1970er-Jahren über den Kaiserstuhl hinweg ging. Die Landmaschinenindustrie hatte seinerzeit Geräte auf den Markt gebracht, die auch den Winzern ihre Rückgrat schindende Arbeit erleichterte. Doch in den steilen Reblagen konnten die Sprit-Schlucker gar nicht fahren. Teile des Kaiserstuhls planierte man daher kurzerhand maschinenfreundlich zurecht. Konsequent durchdacht war die Sache aber nicht: Denn um Rutschungen vorzubeugen, mussten die Terrassen ein wenig bergwärts gekippt werden. So können aber Kaltluftseen entstehen, aus denen in eisigen Frühjahrsnächten der Frost zu den Reben fließt, was den jungen Trieben gar nicht gut tut. ›Man hätte die Terrassen auch stärker nach Süden neigen sollen, statt sie so total platt zu machen‹, kritisiert der Ihringer Winzer Heger außerdem. In manchen Lagen müsse man durch die schlechtere Sonnenexposition Qualitätseinbußen hinnehmen. Trotzdem brachte die Flurbereinigung Vorteile: Die Mini-Parzellen verschwanden zugunsten größerer Einheiten. Andernorts im Kaiserstuhl ist alles beim Alten geblieben. So wird der Ihringer Winklerberg, als ›heißester Weinberg Deutschlands‹ bekannt, immer noch von Hand bewirtschaftet.

te. Bis dahin blühte Breisach, war es doch der einzige Hafen zwischen Straßburg und Basel. Wie die Freiburger investierten die Breisacher ihren Reichtum auch zu Ehren Gottes und bauten vom 12. bis 15.Jh. an ihrem Münster. Ab dem 17. Jh. galt Breisach als ›des Heiligen Römischen Reiches sanftes Ruhekissen‹. Als eine der bedeutendsten Festen Europas und ständiger Zankapfel, beherrschte doch, wer sie besaß, die Ländereien rechts und links des Rheins. Je nach Kriegsglück gehörte die Stadt zeitweise zu Österreich, Sachsen-Weimar oder Frankreich. 1793 legten die Franzosen die Stadt in Trümmer. Davon sollte sie sich nie mehr erholen. Doch die Breisacher haben aus der Vergangenheit gelernt und sich 1950 als erste Stadt Europas zu einem vereinten Europa bekannt.

Maßstab 1:200.000
Marckolsheim
Wyhl
Forchheim
Sasbach
Riegel
Malterdingen
ENDINGEN
Teningen
EMMENDINGEN
Waldkirch
WALDKIRCH
ELZACH
Winden
Gutach
Sexau
VOGTSBURG
Bötzingen
Eichstetten
Ihringen
BREISACH
Neuf-Brisach
Volgelsheim
Gottenheim
Umkirch
Merdingen
FREIBURG
Gundelfingen
Denzlingen
Reute
Vörstetten
Sankt Peter
Stegen
Kirchzarten
Buchenbach
Oberried
Schallstadt
Merzhausen
Ebringen
Pfaffenweiler
Ehrenkirchen
Bollschweil
Hartheim
Bad Krozingen
Fessenheim
Biesheim
Heiteren
Nambsheim
Balgau
Schauinsland
Glottertal
Freiamt
Kaiserstuhl
March
Tuniberg

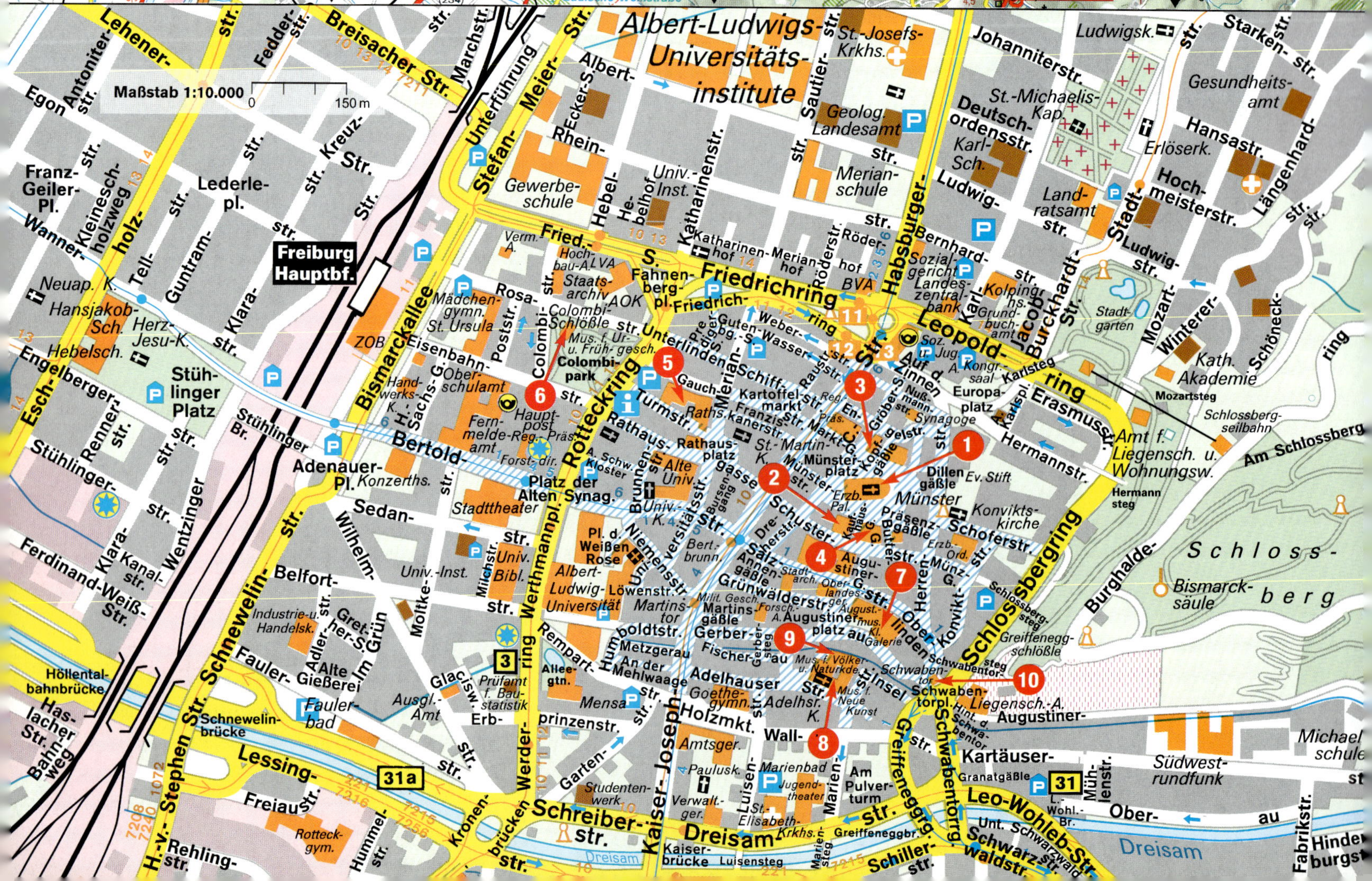

Maßstab 1:10.000
150 m
Freiburg Hauptbf.
Albert-Ludwigs-Universitäts-institute
Friedrichring
Leopoldring
Rotteckring
Werthmannpl.
Bismarckallee
Kaiser-Joseph-Str.
Schlossbergring
Schloss-berg
Dreisam
Schreiber-str.
Münster
Stühlinger Platz
Stadtgarten
Südwestrundfunk

Infos

Der Freiburger ›Bären‹ ist einer der ältesten Gasthöfe Deutschlands

Freiburg im Breisgau (1) – (10)

Kultureller Mittelpunkt des Breisgaus ist Freiburg. Ein Besuch der alten Zähringerstadt, in der heute rund 200 000 Menschen leben, lohnt zu jeder Jahreszeit. Besonders schön ist natürlich der Sommer, wenn in Straßencafés und Biergärten die lauen Nächte gefeiert werden.

Sehenswert: Mittelpunkt der Stadt ist das TOP ZIEL **Münster** (1), mit dessen Bau die Zähringer Herzöge um 1200 begannen. 1513 war das Gotteshaus mit seinem 125 m langen, 30 m breiten und 27 m hohen Innenraum vollendet. Den Wandel der Stile von der Romanik bis zur Spätgotik kann man gut verfolgen: Das Querhaus und die zwei östlichen ›Hahnentürme‹ sind romanisch, die Teile bis zum Hauptturm gotisch, der Chor im Osten zählt zur Spätgotik, der Vorbau im südlichen Querschiff ist im Renaissance-Stil ausgeführt.

TIPP

Leuchtender Zeltfunke

Summernight Music Feeling pur – das Freiburger Zeltfestival ist für seine tolle Stimmung schon seit vielen Jahren bekannt. Stars der internationalen Rock-, Pop-, Jazz- und Folkszene, gut abgemischt mit heimischen Künstlern, Gauklern und Clowns, das alles in fünf Zelten und auf fünf Bühnen, so sieht das Geheimrezept dieses ältesten und größten Events seiner Art in Europa aus. Alljährlich im Sommer zieht die dreiwöchige Veranstaltung weit über 150 000 Menschen an. Für alle Eintrittskarteninhaber bieten die Freiburger Verkehrsbetriebe einen kostenlosen Shuttle-Service aufs Festgelände vor den Toren der Stadt an (nähere Informationen: Internationales Zelt-Musik-Festival, 79106 Freiburg, Waldkircher Str. 51, Tel. 07 61/50 40 30, Fax 07 61/5 04 03 99, www.zmf.de).

Im Inneren ist vor allem der Hochalter von Hans Baldung Grien (›Marienkrönung‹) bemerkenswert (Münsterbesichtigung: tgl. 9.00 bis 18.30 Uhr, jedoch nicht während Heiliger Messen; Turmbesteigung: Mo. – Sa. 9.30 bis 17.00, So., Fei. 13.00 – 17.00 Uhr). Rund um den Münsterplatz fallen mehrere Gebäude ins Auge, so zum Beispiel das 1522 – 1532 im Stil der Spätgotik erbaute **Kaufhaus** (2) mit Arkadenvorhalle, bunten Erkern und schönem Innenhof. Einst war es das Zentrum des Freiburger Handels. Mit seinem hohen Treppengiebel fällt auf der Nordseite des Platzes das **Kornhaus** (3) auf, das nach seiner Zerstörung im Zweiten Weltkrieg nach Plänen aus dem 15. Jh. wieder aufgebaut wurde. Wenige Schritte vom Münsterplatz entfernt liegt inmitten von Kastanien der Rathausplatz mit dem **Neuen Rathaus** (5), einst Zentrum der 1457 gegründeten Universität und Ende des 19. Jh.s umgebaut. Im **Alten Rathaus**, erbaut im 16. Jh. und wiederaufgebaut nach dem Zweiten Weltkrieg, haben die Freiburger Bürgermeister ihren angestammten Sitz. Das dritte Rathaus ist das älteste in ganz Südwestdeutschland und befindet sich vollständig restauriert im Hof des Alten Rathauses. Seit dem 16. Jh. nennt man es auch **Gerichtslaube**. Hoch droben auf einem Sockel steht das Denkmal des Mönches Berthold Schwarz. Um 1353 soll der Franziskanermönch, der sich auch als Alchimist versuchte, das Schießpulver erfunden haben.

Museen: In dem Haus, das sich der Maler Johann Christian Wentzinger 1761 nach eigenen Entwürfen erbauen ließ, befindet sich heute das **Museum für Stadtgeschichte** (4) mit einem Modell des Freiburger Münsters zur Zeit seiner Erbauung. Dazu kommen diverse Kunstwerke, Dokumente der Stadtgeschichte und archäologische Funde (Münsterplatz 30; geöffnet: Di. – So. 10.00 – 17.00 Uhr). Auf einem rebenbestandenen Hügel nordwestlich vom Rathaus (jenseits des Rotteckrings) lädt das **Colombischlössle** (6) zum Besuch ein, in dem das **Museum für Ur- und Frühgeschichte** eingerichtet ist (Rotteckring 5; geöffnet: Di. – So. 10.00 – 17.00 Uhr). Zwei Straßenzüge südlich vom Münster steht das ehemalige Augustinerkloster, erbaut im 13./14. Jh. und Anfang des 18. Jh.s barockisiert. Die Säkularisation erfolgte im Jahre 1823. Zunächst wurde die Kirche zum Theater umgebaut. Seit 1923 befindet sich in TOP ZIEL dem Bau das **Augustinermuseum** (7), in dem neben Zeugnissen oberrheinischer Kunst, Werken von Hans Baldung Grien, Matthias Grünewald und Lucas Cranach auch die Originalskulpturen des Freiburger Münsters aufbewahrt werden (Augustinerplatz, Salzstr. 32; geöffnet: Di. – So. 10.00 bis 17.00 Uhr). Gleich in der Nähe und südlich vom Münsterplatz verlaufen einige bezaubernde Gässchen in den Bereichen Insel, Gerberau und Fischerau. Kontrastprogramm zum Mittelalter: Expressionismus und neue Sachlichkeit, Werke von Dix, Baumeister, Macke und anderen stellt das **Museum für Neue Kunst** (8) aus (Marienstr. 10a, geöffnet: Di. – So: 10.00 – 17.00 Uhr). Ahnenmasken oder Kultobjekte gefällig? Das **Adelhausermuseum** (9) mit seiner Verbindung von Völker- und Naturkunde präsentiert Objekte aus Alltag, Kunst und Religion außereuropäischer Völker. In der naturkundlichen Abteilung findet man Exponate aus der heimischen und exotischen Tier- und Pflanzenwelt, ein Edelsteinkabinett, die Mineralien- und Fossiliensammlung, dazu der Vogelsaal (Gerberau 32; geöffnet: Di. – So. 10.00 – 17.00 Uhr). Kleinstes Freiburger Museum ist die **Zinnfigurenklause** (10) im Schwabentor. Mit mehr als 8000 bemalten Zinnfiguren

TIPP

Von der Sonne verwöhnt ...

... so werben die Badener gerne für die hohe Qualität ihrer Weine. Wie sich das im Glas und auf der Zunge ausnimmt, können Freiburg-Besucher in der Probierstube der Winzergemeinschaften von Kaiserstuhl, Tuniberg und Markgräfler Land eingehend studieren und ihr Gläschen auch auf die Außenterrasse mitnehmen. Untergebracht ist das Haus des Badischen Weines seit 1997 in der Alten Hauptwache direkt am Münsterplatz. Erbaut 1733 mit einem Steildach über der Bogenvorhalle, beherbergte es einst die Wache der Stadtgarnison (geöffnet: Mo. – Fr. 10.00 – 19.00, Sa. 10.00 – 16.00 Uhr; Münsterplatz 38, Tel. 07 61/20 28 70).

sind historische Szenen aus der Geschichte der Stadt und der Region nachgestellt, so z.B. die Schlacht bei Sempach im Jahre 1836 (geöffnet: 3. Sa. im Mai – 3. Okt. Di. – Fr. 14.30 bis 17.00, Sa., So. 12.00 - 14.00 Uhr).

Aktivitäten: Radfahrer werden in Freiburg verwöhnt. Das beginnt nicht nur bei den 100 Fahrradparkplätzen in der Innenstadt, sondern bezieht sich auch auf das engmaschige **Radwegenetz** (insgesamt rund 400 km), das nahe gelegene Sehenswürdigkeiten erfasst, aber auch auf den Schauinsland und auf den Feldberg hinauf führt. Leicht ist der Dreisamtal-Radwanderweg. Entlang des Flusses geht es Richtung Kirchzarten und zurück. (Länge 40 km, Höhendifferenz 130 m). Wer die Strecke zum Schluchsee (64 km, 900 m Höhendifferenz) bewältigen will, sollte allerdings gut durchtrainiert sein. Die Tour ist traumhaft schön. Sie bezieht Windgfällweiher und Titisee mit ein. Wer gerne **Fußball** anschaut, der begebe sich ins Dreisamstadion, die Heimspielstätte des SC Freiburg, der im Herbst 2002 Borussia Dortmund aus dem Pokal geworfen hat (Tickets: Tel. 0761/38551, www.scfreiburg.com). Musikliebhaber können im **Konzerthaus** das ganze Jahr über hochkarätige Interpreten hören.

Veranstaltungen: Der **Fastnachtsdienstag** ist für viele Freiburger Feiertag, denn dann jubeln sie dem großen Narrenumzug durch die Innenstadt zu. Am ersten Juni-Wochenende findet rund ums Münster das Freiburger **Weinfest** statt. Inzwischen zur Top-Veranstaltung herangereift ist das sommerliche **Zelt-Musik-Festival** (siehe Tipp S. 77).

Schnell bergauf mit der Schauinslandbahn

ⓘ Tourist Information, Rotteckring 14
79098 Freiburg im Breisgau
Tel. 0761/3881880, Fax 0761/37003
www.freiburg.de

TIPP

Schniederlihof

Das höchste Bauernhaus des Schwarzwaldes liegt auf dem Schauinsland und zwar auf der Gemarkung Oberried-Hofsgrund). Es ist der inzwischen über 400 Jahre alte Schniederlihof, der heute als Bauernhaus- und Freilichtmuseum zugänglich ist. In dem für diese Gegend ganz typischen Hof befinden sich Wohn-, Stall- und Wirtschaftsräume unter einem Dach. Den Mittelpunkt des Hauses bildet die ›Gute Stub‹ mit dem Herrgottswinkel. Natürlich gibt es hier auch eine ›Chuchi‹ (Räucherküche) mit Herd und Backofen (geöffnet: Mai/Juni Sa., So., Fei. 10.00 – 18.00, Juli/Aug. tgl. 10.00 – 18.00, Sept. Sa., So., Fei. 10.00 – 17.30, Di. u. Do. 13.30 bis 17.30, Okt. Sa., So., Fei. 10.00 bis 17.30, Di. 13.30 – 17.30 Uhr; Info-Tel. 07602/242).

Schauinsland (11)

Ein paar Kilometer südöstlich von Freiburg erhebt sich der 1284 m hohe Schauinsland, sozusagen der Hausberg der Breisgau-Metropole und beliebtes Ganzjahres-Ausflugsziel.

Anreise: ›Schauen - Schweben - Selig sein‹, so wirbt die **Schauinslandbahn** für die 15-minütige Fahrt in ihren Gondeln hinauf auf den aussichtsreichen westlichen Ausläufer des Feldberg-Massivs (Betriebszeiten: Mai bis Okt. 9.00 – 18.00, Nov. – April 9.30 – 17.00 Uhr, Info-Tel. 0761/292930, www.schauinsland.de). Wer will, kann auch auf der kurvenreichen ehemaligen **Bergrennstrecke** zum Schauinsland hinauf fahren, sei es per Auto, Motorrad oder gar mit dem Fahrrad.

Sehenswert: Auf der Suche nach Silber und Blei wühlten sich die Freiburger einstmals tief und immer tiefer in den Berg hinein. Insgesamt 40 km Stollen durchziehen den Schauinsland. Im Museumsbergwerk **Erzkasten** kann man sich ein Bild vom Bergbau früherer Zeiten machen (Führungen: Mai – 1.Nov. Mi., Sa., So., Fei. 11.00 u. 14.00 Uhr; Info-Tel. 0761/26468).

Kaiserstuhl (12)

Nordwestlich von Freiburg ragt der Kaiserstuhl als Gebirgsstock vulkanischen Ursprungs aus der Rheinebene auf. Er misst von Norden nach Süden etwa 16 km und in Ost-West-Richtung ca. 12 km. Sein höchster Punkt ist der Totenkopf (557 m). Die vulkanischen Tuffe und Ergussgesteine sind großenteils von einer mächtigen und sehr fruchtbaren Lössschicht bedeckt. Der gute Boden und vor allem das milde Klima ermöglichen einen lukrativen Wein- und Obstbau. So ist nicht verwunderlich, dass es im Kaiserstuhl eine ganze Reihe schmucker Weinbaudörfer gibt mit netten Gasthäusern, in denen man köstlich essen und trinken kann.

Aktivitäten: Im Kaiserstuhl kann man herrlich wandern, wunderschöne Ausblicke genießen und vieles bestaunen. Beste Eindrücke von der Landschaft vermittelt der **Kaiserstuhl-Nord-Süd-Weg** von Endingen über den Totenkopf nach Ihringen (16 km). In mehreren Orten sind Lehrpfade ausgeschildert, die zu geologisch und botanisch interessanten Plätzen führen und mit den hiesigen Rebsorten vertraut machen. Wer Lust hat, kann sich bei manchem Kaiserstuhl-Winzer zur Weinlese einfinden, denn zum ›**Herbschten**‹ im September/Oktober wird jede helfende Hand gebraucht.

Vogtsburg (13)

Mit einer Rebfläche von rund 1500 ha ist **Vogtsburg** (5600 Einw.) die größte Weinbaugemeinde in Baden-Württemberg. Sie wird gebildet von den früher selbstständigen Winzerorten Achkarren, Bickensohl, Bischoffingen, Burkheim, Oberbergen, Oberrotweil und Schelingen.

Sehenswert: Malerisch bietet sich das alte Städtchen **Burkheim** dar mit seinen schönen Bürgerhäusern und seinem Renaissance-Rathaus. Hier macht ein Nachtwächter seinen Rundgang (Ostersonntag – Ende Okt. Mi. u. Sa. 22.00 Uhr). In **Achkarren** lohnt das **Kaiserstühler Weinbaumuseum** einen Besuch (geöffnet: Ostern – Okt. Di. – Fr. 14.00 – 17.00, Sa., So. 11.00 – 17.00 Uhr).

Aktivitäten: **Oberbergen** ist Start und Ziel einer herrlichen Wanderung über den Weinbergen mit Panoramablick auf Rheinebene,

Blick auf Bickensohl

Schwarzwald und Vogesen. Zwischenstationen sind die berühmte Weinlage **Bassgeige** bei Oberbergen, die aussichtsreiche **Mondhalde** östlich **Bischoffingen** sowie **Katharinenkapelle, Schönebene, Eichelspitze, Badberg** und **Totenkopf** (19 km, 4 Std.).

Umgebung: Ein Kleinod ist die **Michaelskirche** in **Niederrotweil**. Vermutlich im 8. Jh. gegründet, wird sie 1157 erstmals urkundlich erwähnt. Bemerkenswert sind das gotische Sakramentshäuschen (1492) und vor allem der Choraltar. Das wunderbare Schnitzwerk des Meisters H.L. dürfte um 1516/1520 entstanden sein: In der Mitte ist die Marienkrönung dargestellt, links wiegt Erzengel Michael die Seelen, rechts die Enthauptung des Johannes und der Engelsturz (geöffnet: tgl. 9.00 – 11.00 u. 14.00 – 18.00 Uhr).

ⓘ Kaiserstühler Touristik-Information, Bahnhofstr. 20, 79235 Vogtsburg-Oberrotweil, Tel. 07662/94011, Fax 07662/81246, www.vogtsburg-im-kaiserstuhl.de

Endingen 14

Eine der nettesten Ortschaften am Kaiserstuhl ist Endingen (6000 Einw.) mit seinen Fachwerkbauten aus dem 16. und 17. Jh. und seinen charmanten Gässchen. Zwischen 1379 und 1806 gehörte es zu Vorderösterreich.

Sehenswert: Am **Marktplatz** stehen die schönsten Gebäude, so auch das 1617 erbaute Kornhaus mit seinem mächtigen Staffelgiebel.

Museen: Im **Alten Rathaus** von 1527 mit Renaissancefassade, Barockportal und schönen Wappenscheiben aus dem 16. Jh. in den Fenstern ist das **Heimatmuseum** untergebracht (geöffnet: jeden 3. So. im Monat 15.00 bis 18.00 Uhr). Im **Üsenberger Hof**, einem spätgotischen Haus, dokumentiert das **Vorderösterreich-Museum** die Geschichte der ›Habsburgischen Vorlande‹, die 1752 unter Maria Theresia den Status einer eigenen Provinz erhielten (Adelshof 20; geöffnet: Mai – Okt. Mo. – Fr. 9.00 – 12.30, Mo., Di., Fr. 15.00 bis 17.00, So. 10.30 – 12.30 Uhr).

Umgebung: In **Königschaffhausen** wird noch Nussöl wie vor 200 Jahren erzeugt. 2,5 kg geschälte Walnüsse müssen die Mahlsteine quetschen, um 1 l Nussöl zu gewinnen. Wie aufwändig der Verarbeitungsprozess ist, können Besucher in der alten **Ölmühle** von Werner Reinacher miterleben (Endinger Str. 38; Besichtigung: n.V., Tel. 07642/7675).

ⓘ Kaiserstühler Verkehrsbüro
Adelshof 20
79346 Endingen am Kaiserstuhl
Tel. 07642/689990, Fax 07642/699999
www.endingen.de

Breisach 15

Von der in ihrer Geschichte heiß umkämpften Feste am Rhein sind noch einige Zeugnisse der Vergangenheit geblieben, z. B. sechs von einstmals 30 Wehrtürmen. Doch Breisach, es zählt heute 13000 Einwohner, hat auch lichtere Seiten, ist es doch für seine Wein- und Sektkellereien bekannt, die ihre begehrten Tropfen in den alten Festungsstollen im Burgberg lagern.

Sehenswert: Auf dem Burgberg thront das **Stephansmünster**, mit dessen Bau Ende des 12. Jh.s begonnen wurde. Sehenswert sind der aus Lindenholz geschnitzte Hochaltar. Dieses Meisterwerk der Spätgotik wurde 1523 – 1526 vom Meister H.L. (vermutlich Hans Loy) geschaffen. Großartig sind auch die Fresken von Martin Schongauer, der 1491 in Breisach verstorben ist. Eines der ältesten Bauwerke Breisachs ist der **Radbrunnenturm**, der im 13. Jh. erbaut worden ist. Er schützt einen Tiefbrunnen, aus dem sich die Breisacher während der Belagerungen mit kühlem Nass versorgten. Der Turm beherbergte Rats-, Gerichts- und Folterstube. Das Museum im **Rheintor** informiert über die Vergangenheit der Stadt (geöffnet: Di. – Fr. 14.00 – 17.00, Sa. 11.30 – 17.00, So., Fei. 11.30 – 18.00 Uhr. Der **Badische Winzerkeller**, Europas größte Erzeuger-Weinkellerei, lädt zur Besichtigung und Weinprobe ein (Führungen: Mo. – Sa. n. V., Tel. 07667/9000, www.badischer-winzerkeller.de).

Aktivitäten: Radler vor! Rund um Deutschlands sonnenreichstes Weingebiet führt der **Kaiserstuhl-Radrundwanderweg.** Start ist in Breisach, dann führt der Weg 64 km lang am Rheinufer entlang, durch schmucke Winzerdörfer und auch auf den Tuniberg hinauf.

Veranstaltungen: Am letzten Augustwochenende fließt der Wein in Strömen, wenn eines der größten Weinfeste Deutschlands steigt. Die frisch gekürte Weinprinzessin wird dabei mit Feuerwerk, Tanz und Musik gefeiert.

Umgebung: Terrassen voller Reben und Obstbäume kennzeichnen den **Tuniberg**, einen Lösshügel, von dem man einen schönen Blick über die Rheinebene genießt: Felder voll Mais, Tabak und Spargel, dazu die Greens eines Golfplatzes und im Hintergrund grüßen die Vogesen. Bekannt für guten Wein und Sekt ist das Dorf **Munzingen** mit dem stattlichen und heute noch bewohnten Schloss der Freiherren von Kageneck. Von Munzingen erreicht man die **Ehrentrudiskapelle** auf dem Tuniberg, von der aus man einen tollen Ausblick genießen kann. Sie wurde 1716 auf mittelalterlichen Grundmauern errichtet. Schon in der Altsteinzeit hielten Jäger von hier oben wohl Ausschau nach Rentierherden, denn Knochenfunde belegen, dass die Jagd erfolgreich war.

ⓘ Tourismus Südlicher Schwarzwald
Agentur Kaiserstuhl-Tuniberg
Marktplatz 16, 79206 Breisach am Rhein
Tel. 07667/940155, Fax 07667/940158
www.breisach.de

TIPP

Ein perlendes Vergnügen

Gleich zwei große Sektkellereien kreieren in Breisach ihre kühlen Köstlichkeiten, die Gräflich von Kageneck'sche Wein- und Sektkellerei sowie die Privatsektkellerei Geldermann. Freunden von Schaumwein, so der übergeordnete Begriff für Sekt, Champagner & Co. ist eine Führung unbedingt zu empfehlen. Bei Geldermann stellt der Kellermeister aus bis zu 30 ausgesuchten Weinen die Cuvée zusammen. Dieser Mischung wird Hefe und Zucker zugesetzt, auf dass es in den Flaschen zu gären beginne. Außerdem entsteht die Kohlensäure, die später für ein prickelndes Vergnügen sorgt. Spannend ist der Abstecher tief in den Münsterberg hinein. Denn in dem rund 700 Jahre alten Gewölbekeller lagern die Flaschen mehrere Jahre lang in endlosen Reihen. In regelmäßigen Abständen werden sie noch von Hand sorgfältig gerüttelt, damit sich die Hefe gleichmäßig absetzt. Bei der Führung wird auch erklärt, wie die konischen Sektkorken in die Flaschen kommen. (Geldermann Privatsektkellerei, Am Schlossberg 1, Führungen n. V. tgl. außer So. u. Fei. 9.00, 10.00, 14.00, 15.00, 17.00, 18.00 Uhr; Tel. 07667/834258, www.geldermann.de; Gräflich von Kageneck'sche Wein- und Sektkellerei, Kupfertorstr. 35, Kellereibesichtigung mit Wein- und Sektprobe Do. 10.00 Uhr, Tel. 07667/901137, www.schloss-munzingen.de).

In den Gewölben der Sektkellerei Geldermann

Wellness, Wein und Römer

Im äußersten Zipfel Deutschlands, zwischen Rhein und Schwarzwaldhöhen, wo der Gutedel wächst und wohligwarme Thermen locken, liegt das Markgräflerland. Wein und Badekultur sind ein Erbe der Römer. Doch es gibt noch mehr Einflüsse aus dem Süden: Milde Lüfte aus dem Mittelmeerraum strömen durch die Burgundische Pforte herbei, Oleander und Hibiskus blühen, im Sommer überspannt der Himmel das Land in toskanischem Blau. Im Herbst steht es wahrlich in Flammen, wenn sich Reben und Obstbäume in vielen Rot- und Gelbtönen vom Sommer verabschieden.

Ausgesprochen wohl fühlt man sich im warmen Mineralwasser der ›Vita Classica‹-Therme in Bad Krozingen

▲ Modern: das Kurhaus in Badenweiler

▼ Kuppelhalle der Vita Classica Therme in Bad Krozingen

▼ Konditorei in Badenweiler

▼ Feines aus dem Markgräflerland

▲ Gleitschirmflieger am Blauen ... ▼ ... und Wanderer am Weiherkopf bei Badenweiler

Wo immer die römischen Legionen auf ihren Eroberungszügen Fuß fassten, dorthin brachten sie auch ihre mediterrane Lebensart. Im Markgräflerland blieben ihnen die warmen Mineralquellen nicht verborgen. Sie errichteten ein Thermalbad, das den Vergleich mit den Anlagen in Rom selbst nicht zu scheuen brauchte. Um die Badebecken zu speisen, zapften die Baumeister die 26 °C Quelle in der Nähe der heutigen Cassiopeia Therme an. Die Archäologen stießen auf Umkleideräume, eine Trink- und Wandelhalle, ein Schwitzbad mit Kaltwasserbecken. Wie eng schon damals Baden und Entspannen in schöner Umgebung gefragt war, beweisen die Mosaiken und Wandmalereien der Therme. Dank der vorbildlichen Restaurierung lässt sich nachempfinden, welch kultureller Quantensprung sich seinerzeit mit dem Eintreffen der Eroberer verband. Seit 2001 ist die Badruine von einer Glaskuppel überwölbt. Damit ist gleich neben der modernen Cassiopeia Therme ein attraktives Fenster in die Antike geschaffen worden.

Paradiesgärtlein Badenweiler

Jan Ullrich und andere Radsport-Asse nutzen die Lage von Badenweiler gerne aus, trainieren an steilen Schwarzwaldhängen im Hinterland und begeben sich anschließend in die heilkräftigen Thermen, um die müden Waden zu entspannen. Doch Badenweiler ist keineswegs nur funktional: Schon Johann Peter Hebel besang es als ›Paradiesgärtlein und Mustergärtlein‹. Für milde Temperaturen sorgen fast das ganze Jahr über mediterrane Lüfte. Gäste bummeln durch den adretten Ortskern mit seinen Geschäften, die ganz auf den Kurbetrieb eingestellt sind: Apotheken bieten Gesundheitswässerchen an, in Weinhandlungen gibt es Gutedel und Edelbrände aus der Umgebung, selbst gemachte Pralinen und köstliche frische Obsttorten zieren die Auslagen der Cafés und setzen Kurgästen, die Diät halten müssen, schwersten Verlockungen aus. Im modernen Kurhaus gibt es einen literarischen Salon, der dem 1904 in Badenweiler verstorbenen Dichter Anton Tschechow gewidmet ist. ›Ich sterbe‹, sagte er angeblich, bestellte sich ein Glas Champagner, trank's und war tot. Wer sich

▲ Sulzburg: St. Cyriak ... ▼ ... und jüdischer Friedhof

▲ Herbst im Markgräflerland ▼ Spargelernte

Vinzentinerinnen vor dem Heitersheimer Malteserschloss ►

im Kurgarten immer nach oben orientiert, gelangt zur Ruine Baden. Vom Fahnenturm öffnet sich ein erhebender Fernblick über die Rheinebene bis hinüber zu den Vogesen.

SPECIAL

Traube aus Ägyptenland

Auf rund 3000 Hektar bauen die Markgräfler Wein an. Aus den Reihen der badischen Winzer stechen sie mit einer regionale Spezialität hervor, der Gutedel-Rebe, die in kaum einem anderen Anbaugebiet zu finden ist. Schon die alten Ägypter sollen diese Rebe vor 5000 Jahren kultiviert haben. Zumindest kommen dem Gutedel ähnliche Formen in der Oase El-Fayum noch heute vor. Andere sehen die Heimat des Gutedel in der Türkei – sicher ist eigentlich nur, dass die Weinrebe ihre historischen Wurzeln in Kleinasien hat und die Kunst ihres Anbaus mit den Römern über die Alpen kam. Die Gutedel-Rebe brachte Markgraf Karl Friedrich von Baden 1780 vom Genfer See ins Markgräflerland mit. Aus ihr keltern die Winzer einen blassgelben, spritzigen Wein mit bekömmlich milder Säure, einen ›Zechwein, der beflügelt‹, wie manche sagen. Serviert wird er am liebsten zu Spargel, Fisch und Ochsenbrust, aber auch zu Käse. Selbst der Brückenschlag zwischen Wein und Wellness gelingt dem Gutedel mühelos: Die Trauben mit der zarten Beerenhaut gelten als ideal für eine entschlackende Traubenkur.

... zum Staub kehrst du zurück

Sulzburg liegt so friedlich und still eingerahmt zwischen grünen Hügeln wie in einem schützenden Nest. Was könnte die Ruhe des alten Bergbaustädtchens schon erschüttern und seinen Frieden untergraben? Nur die jüngste Vergangenheit: Im Dritten Reich löschten Nationalsozialisten die hier blühende jüdische Gemeinde aus.

1528 wurden in Sulzburg erstmals Juden erwähnt. 1546 gestattete Markgraf Ernst der jüdischen Gemeinde, eine ›Schul oder Sinagog‹ zu errichten. Sulzburg sollte zu einem Zentrum der Juden in der Markgrafschaft werden. 1823 wurde eine neue Synagoge gebaut, 1864 lebten 416 Juden am Ort, jeder dritte Sulzburger war also Jude. 1877 feierte der ganze Ort die Renovierung

▲ *Burgruine Staufen im Breisgau*

▼ *Früchte aus dem Markgräflerland*

▼ *Edle Tropfen*

▼ Hier gibt es gut zu essen

▲ Rathaus in Staufen

der Synagoge. Später änderte sich alles. In der Reichskristallnacht verwüsteten Nazis das Gotteshaus. 94 Juden lebten damals noch am Ort. Von 22 ist bekannt, dass sie im Konzentrationslager ermordet wurden. Die Synagoge diente nunmehr als Lager, Stall, später als Kleinfabrik, erst seit 1989 ist sie Gedenkstätte. Geblieben ist von den Juden nichts als ihr Friedhof. Ein merkwürdiger Zauber liegt über dem Ort. Nirgends bunte Blumen wie auf christlichen Friedhöfen, nur lange Reihen hoher Grabsteine, die Schönheit der uralten Inschriften verborgen unter einem grünen Flor aus Efeu und Moos. ›Ki afar atta w'el afar taschuw!‹ murmelten einst die Angehörigen und warfen eine Handvoll Erde auf den Sarg. ›Von Staub bist du, und zum Staub kehrst du zurück‹.

In der Küche kracht's

Nicht seine sehenswerte Altstadt, auch nicht der Silberbergbau oder die Schnapsbrennerei haben Staufen über seine Grenzen hinaus bekannt gemacht, sondern eine schaurige Geschichte aus dem Mittelalter. In schwerste Finanznöte geraten, habe sich Stadtherr Freiherr Anton von Staufen an Dr. Faustus gewandt, damit ihm der berühmte Alchemist rasch eine Ladung Gold herbeizaubere. Just diesen Zeitpunkt im Jahre 1539, als Faust im Gasthof Löwen seine Mixturen mischte, wählte Mephistopheles aus, um sein Opfer zu holen. Eine Stichflamme fuhr aus dem Schornstein und das ganze Zimmer Nr. 5 soll nach Schwefel gestunken haben. Klassisches Ende eines Paktes mit dem Teufel oder alchemistischer Betriebsunfall? Jedenfalls hat die Vita des Magiers und Schwarzkünstlers Johannes Faustus (um 1480 – 1539) die größten deutschen Dichter, allen voran Goethe, inspiriert, und Staufen ist als Sterbeort des Faust in die Geschichte eingegangen. Sogar der Teufel selbst hat seine Spuren hinterlassen. Auf der steinernen Wendeltreppe im Rathaus zu Staufen findet sich angeblich sein Fußabdruck.

Heimat der lila Kuh

Auch in Lörrach gibt es einen höchsten Punkt mit Burg darauf, die Ruine Rötteln, Rest der größten mittelalterlichen Burg in Oberbaden. Wenn man aus den stillen

▲ *Blick von der Burgruine Rötteln auf Lörrachs Peripherie*

▼ *Moderne Formen im Vitra Design Museum bei Weil am Rhein*

▼ ›Lila Pause‹

▲ Burgruine Rötteln

▼ Beliebtes Ausflugsziel: Schloss Bürgeln bei Kandern

Schwarzwald-Tälern kommt, bietet sich von hier oben jedoch ein herber Kontrast: Keine Idylle aus Wasser, Wald und Wiesen, sondern Straßen, Industriebauten, Hochspannungsleitungen. Tröstlich schimmern in der Ferne wenigstens die Schweizer Berge und die Vogesen. Da unten liegt also Lörrach. Die prominenteste Figur der Industriestadt am Ausgang des Wiesentals kennt buchstäblich jedes Kind: Die lila Milka-Kuh. Seit vielen Jahren schlendert sie gemütlich durchs Fernsehbild und hat sich in den Kinderköpfen so festgesetzt, dass bei einem Versuch mit 40 000 bayerischen Kindern jedes dritte die Kühe auf einem Bauernhofbild lila malte.

SPECIAL

Das edelste Gemüse der Welt

In Hebels ›Paradiesgärtlein‹ erwarten viele Einheimische und Gäste alljährlich voller Sehnsucht den April. Meist ab Monatsmitte und dann bis Ende Juni streifen die Landwirte und ihre vielen osteuropäischen Helfer die Handschuhe über und stechen zarte Spargelsprossen.

Ursprünglich kommt das begehrte Liliengewächs aus den Salzsteppen Osteuropas. Frühe Feinschmecker brachten das Gemüse bereits im 16. Jahrhundert in die klimatisch sehr begünstigte Südwestecke Deutschlands, die obendrein über gute Böden für den Spargelanbau verfügt. Die Preise für die edlen Sprossen waren allerdings exorbitant, nicht umsonst erhielt Spargel schon damals den Beinamen ›königliches Gemüse‹.

Viele Erzeuger im Markgräflerland sowie im Breisgau und am Kaiserstuhl bieten frisch gestochenen Spargel zu günstigen Preisen an. Doch wie erkennt man auf dem Wochenmarkt die Güte des Spargels? Frischer Spargel lässt sich leicht brechen und quietscht beim vorsichtigen Aneinanderreiben. Die Schnittenden sind nicht eingetrocknet oder gar bräunlich verfärbt. Im Kühlschrank, fest eingewickelt in ein feuchtes Tuch, kann frischer Spargel gut und gern zwei bis drei Tage gelagert werden. In den vergangenen Jahren gewann sich auch der Grünspargel einen festen Freundeskreis. Sein Vorteil: Er muss nicht erst mühsam geschält werden.

Maßstab 1:200.000
BREISACH am Rhein
FREIBURG im Breisgau
Gundelfingen
Umkirch
Gottenheim
Merdingen
Volgelsheim
Neuf-Brisach
Ihringen
Biesheim
Schallstadt
Merzhausen
Kirchzarten
Buchenbach
Stegen
Oberried
Sankt Peter
Ebringen
Pfaffenweiler
Bollschweil
Ehrenkirchen
Bad Krozingen
Hartheim
Fessenheim
STAUFEN im Breisgau
HEITERSHEIM
Buggingen
SULZBURG
Münstertal/Schwarzw.
Feldberg
Todtnauberg
TODTNAU
Schauinsland
MÜLLHEIM
NEUENBURG am Rhein
Badenweiler
Auggen
Schliengen
Bad Bellingen
Kandern
Malsburg-Marzell
SCHÖNAU im Schwarzwald
Todtmoos
ZELL im Wiesental
Hausen im Wiesental
Steinen
SCHOPFHEIM
Maulburg
Hasel
Wehr
Rickenbach
Herrischried
Görwihl
Efringen-Kirchen
Eimeldingen
Binzen
LÖRRACH
WEIL am Rhein
Huningue
Saint-Louis
Village-Neuf
Riehen
Inzlingen
Grenzach-Wyhlen
RHEINFELDEN
Schwörstadt
BAD SÄCKINGEN
LAUFENBURG
Möhlin
BASEL
Binningen
Allschwil
Hégenheim
Birsfelden
Muttenz
Münchenstein
Pratteln
Rheinfelden
Magden
Laufenburg
Rhein
Badische Weinstraße
Route du Rhin
Dinkelberg
Höllental

Infos

Baumblüte bei Staufen im Breisgau

Bad Krozingen ①

Eigentlich suchten die Krozinger 1911 nach Erdöl und waren schwer enttäuscht, als ihnen nur warmes Wasser entgegen sprudelte. Das entpuppte sich jedoch als Segen, verwandelte sich der Ort auf diese Weise vom Bauerndorf in einen Kurort mit aktuell 14 000 Einwohnern.

Sehenswert: Das Krozinger **Barockschloss** beherbergt eine Sammlung historischer Tasteninstrumente, darunter auch Cembali, Zupfklaviere und Klavicorde des 18. Jh.s (Am Schlosspark 7; geöffnet: Do. 16.00 – 17.00 Uhr). Im Ortsteil Oberkrozingen steht die im 10./11. Jh. erbaute **Glöcklehofkapelle** (St. Ulrich), eines der wenigen mit Wandmalereien versehenen Gotteshäuser aus ottonischer Zeit.

Aktivitäten: Wellness auf fernöstlich bietet die **Vita Classica Therme** in ihrem Wohlfühlhaus mit japanischen Baderaum, Ruhezone mit Bambusgarten und Futons. In der neuen Halle schweben Sphärenklänge und Walgesänge auf die Badenden herab, so dass man im heilkräftigen Thermalwasser auch allen Stress von sich abfallen lassen kann. Krönender Abschluss eines Wohlfühl-Tages könnte eine Massage mit dem Seidenhandschuh sein (Terminvereinbarung: Tel. 07633/400860).

Badenweiler: Römische Badruine

ⓘ Kur- und Bäder GmbH
Herbert-Hellmann-Allee 12
79189 Bad Krozingen
Tel. 07633/400863, Fax 07633/400841
www.bad-krozingen.de

Heitersheim ②

In Heitersheim steht das berühmte Malteserschloss. Im 13.Jh. erlangte der Johanniterorden, der sich nach 1530 auch Malteserorden nannte, am Oberrhein umfangreiche Besitztümer. Der Ort selbst blühte als Residenz der Großkomture auf.

Museen: Das **Malteserschloss** war 1428 bis 1806 Sitz des Malteser-Ritterordens. Im barocken Kanzleibau von 1740 informiert eine Ausstellung über die Johanniter bzw. Malteser (geöffnet: Apr. – Okt. So. u. Fei. 11.00 bis 12.00, Mi. 15.00 – 17.00 Uhr). Nahe der Stelle, die später die Malteser als Schloss-Standort wählen sollten, haben Römer schon um 30 n. Chr. eine **Villa Urbana** erbaut. Die freigelegten Reste gehören zu den ältesten rechtsrheinischen Bauzeugnissen der Römerzeit. Außergewöhnlich: Im Zentrum des Säulenhofes der Heitersheimer Römervilla ließ der wohlhabende Hausherr ein 18 m langes Zierbecken errichten, also in einer Dimension, die man erst wieder in Pompeji antrifft (geöffnet: Apr. – Okt. Di. – Sa. 13.00 – 17.00, So. u. Fei. 11.00 – 17.00 Uhr).

ⓘ Tourist-Information
Verkehrsamt im Rathaus
Hauptstr. 9, 79432 Heitersheim
Tel. 07634/40212
www.heitersheim.de

Staufen im Breisgau ③

Die 7000-Einwohner-Stadt mit ihrem wirklich hübschen mittelalterlichen Kern liegt am Eingang zum Münstertal. Hier gibt es guten Wein und vorzügliche Edelbrände. Bekannt geworden ist Staufen jedoch als Sterbeort des Alchimisten Dr. Faust, den der Sage nach im hiesigen Gasthaus Löwen der Teufel geholt haben soll.

Sehenswert: Den Marktplatz beherrscht das **Rathaus**, das 1546 errichtet und später mehrfach umgestaltet worden ist. Wenige Schritte weiter steht das sagenumwobene **Gasthaus Löwen**, in dem Dr. Faustus Gold herstellen wollte und es dann mit Mephisto zu tun bekam. Hoch über der Stadt thront die mittelalterliche **Burgruine Staufen** auf einem aussichtsreichen und rebenbestandenen Ausläufer des Schwarzwaldes.

Aktivitäten: Der staatlich anerkannte Erholungsort Staufen ist ein hervorragender Ausgangspunkt für Wanderungen und Mountainbike-Unternehmungen zu den höchsten Schwarzwaldgipfeln.

Veranstaltungen: Viel Publikum lockt das Markgräfler Weinfest, das alljährlich am ersten August-Wochenende stattfindet.

ⓘ Tourist-Information
Hauptstr. 53, 79219 Staufen im Breisgau
Tel.: 07633/80536, Fax 07633/50593
www.staufen.de

TIPP

Wiiwegli

Eine dreitägige Wanderung auf dem Markgräfler ›Wiiwegli‹ streift auf 77 Kilometern herrliche Weinberge, Obstwiesen und Wälder sowie freundliche Winzerdörfer. Per pedes oder per Rad lassen sich grandiose Ausblicke in die Oberrheinebene mit dem Kaiserstuhl, auf die Schwarzwaldberge und, bei guter Sicht, auch auf die Vogesen genießen. Das ›Wiiwegli‹ beginnt in Freiburg/St. Georgen und führt bis Weil am Rhein, vorbei an Staufen, Sulzburg und Bad Bellingen. Wegmarkierung ist eine gelbe Traube auf der roten Raute des Schwarzwaldvereins.

Sulzburg 4

Bekannt ist der 2700 Einwohner zählende Luftkurort am Rande der Schwarzwald-Vorberge vor allem durch seine im Jahre 993 gegründete Klosterkirche. Bereits im 13. Jh. erhielt der Ort das Stadtrecht. Seinen wirtschaftlichen Aufschwung verdankt Sulzburg jedoch dem Silberbergbau. Allerdings wurde die letzte Mine 1835 geschlossen. Heute besticht Sulzburg mit seinem malerischen Stadtkern.

Sehenswert: Die Klosterkirche **St. Cyriak**, eine dreischiffige Pfeilerbasilika, zählt zu den wichtigsten Zeugnissen ottonischer Sakralbaukunst. Die Krypta aus dem 11. Jh. ist noch erhalten. Von der einstigen Bemalung sind nur noch spärliche Reste erhalten. Der Kirchturm ist der älteste in Südwestdeutschland, sein Holz stammt von Bäumen, die im Winter 996 gefällt worden sind. In der ehemaligen evangelischen Stadtkirche am Marktplatz ist heute das **Landesbergbaumuseum** untergebracht. Denn gerade in Sulzburg reichen entsprechende Zeugnisse bis in die Jungsteinzeit zurück, als Menschen hier nach Jaspis und Hämatit gegraben haben (Hauptstr. 56; geöffnet: tgl. 14.00 – 16.30, Sa., So., Fei. 14.00 – 17.00 Uhr). Ein wichtiges Zeugnis jüdischen Lebens ist die **Synagoge**, die 1822 beim Marktplatz erbaut worden ist. Der spätbarock-klassizistische Sakralbau ist das einzige unzerstört gebliebene Beispiel aus der Schule Friedrich Weinbrenners (Gustav-Weil-Str. 20; geöffnet jeden ersten und letzten So. im Monat 16.00 – 18.00 Uhr).

Aktivitäten: Wandern und gleichzeitig alles über den Bergbau erfahren kann man auf dem **Bergbaugeschichtlichen Wanderweg**, der vom Bergbaumuseum am Marktplatz 5 km lang durch das Sulzbachtal führt. Er streift unterwegs Stollen und Plätze, die vom einstmals blühenden hiesigen Bergbau erzählen.

Veranstaltungen: Die fünfte Jahreszeit lodert in Sulzburg recht heftig nach Aschermittwoch noch einmal auf. Die **Buurefasnet** wird stets mit einem Narrenumzug begangen. Außerdem laden die jungen Burschen zum **Scheibenfeuer**. Von den umliegenden Berghöhen schleudern sie brennende Holzscheiben zu Tal inklusive lautstarker Grüße an die Liebsten.

TIPP

Zwei Sterne für den Hirschen

Die Michelin-Testesser haben das Besteck beiseite gelegt und den Bleistift gespitzt – und gaben Hans-Paul Steiner im Sulzburger Hotel-Restaurant ›Hirschen‹ im Jahr 2002 gleich zwei der begehrten Sterne. Gastronomie setzt der Küchenchef mit Lebensfreude gleich. Exzellent zubereitete Gerichte, dazu beste Weine aus dem Markgräfler Land und ein großartiger Service locken Gäste aus nah und fern an. Steiner hat auch ein Buch verfasst mit dem sinnigen Titel ›Kochen macht glücklich‹. Was bei solch einer Arbeitsphilosophie aus Töpfen und Pfannen kommt, lohnt allein schon einen Besuch in Sulzburg respektive im ›Hirschen‹ (Hauptstr. 69, Tel. 07634/8208, Fax 07634/6717, www.hirschen-sulzburg.de).

ⓘ Tourist - Information
Am Marktplatz, 79295 Sulzburg
Tel. 07634/5600 - 40, Fax 07634/5600 - 50
www.sulzburg.de

Badenweiler 5

Oft wird der berühmte Kurort (3600 Einw.) mit dem gesegneten milden Klima als ›das kleine Baden-Baden‹ bezeichnet, ist es doch bis heute Treffpunkt von Literaten, Künstlern und Wohlhabenden geblieben. Schon die Römer hatten die wohltuenden Thermalquellen entdeckt. Ob die späteren Ortsherren, die Herren von Baden, ebenfalls eine Ader für den Wellness-Sektor entwickelten, ist nicht bekannt. Ihre 1122 erstmals erwähnte und 1678 zerstörte Burg wacht über den Kurort. Erst 1544 ist von Badenweiler wieder die Rede, loben doch Ärzte die heilende Kraft der örtlichen Quellen. 1850 begann der Ausbau des Kurortes, prächtige Hotels und Villen entstanden, die bis heute das Ortsbild prägen.

Sehenswert: Herzstück von Badenweiler bildet das 1875 erbaute **Markgrafenbad**, das 1994 zur modernen **Cassiopeia Therme** umgestaltet und erweitert wurde. Neben den Thermen sowie einem irisch-römisch Dampfbad warten auch ausgefallenere Angebote auf Entspannungswillige, so beispielsweise Salsa-Aquarobic, Thai Chi und Ayurveda (geöffnet tgl. 9.00 – 22.00 Uhr, Info-Tel. 07632/799200). Einen Steinwurf von der Cassiopeia Therme entfernt liegen die **Römischen Badruinen**. Geschützt von einem modernen Glasdach geben sie sehr interessante Einblicke ins Badewesen der Römer (geöffnet: Apr. – Okt. tgl. 10.00 bis 19.00, Nov. – März tgl. 10.00 – 17.00 Uhr, Führungen n. V., Tel. 07632/79310.

Umgebung: Im Rücken von Badenweiler erhebt sich der 1165 m hohe **Blauen**, der sowohl zu Fuß als auch per Auto erklommen werden kann. Vom Aussichtsturm bietet sich bei gutem Wetter ein herrlicher Panorama-Rundblick.

ⓘ Badenweiler Tourist-Information
Ernst-Eisenlohr-Str. 4, 79410 Badenweiler
Tel. 07632/799300, Fax 07632/799399
www.badenweiler.de

Antiquitätengeschäft in Badenweiler

Kandern 6

Spätestens seit dem 16. Jh. dreht sich in Kandern (8000 Einw.) alles um die Töpferei. Krüge, Milchtöpfe, Kuchenformen, Tonpfeifen usw. werden nicht nur produziert, sondern auch in alle Welt vertrieben. Auch in die Schulbücher ist das Städtchen eingegangen: Während der Badischen Revolution 1848 kam es in der Schlacht

Infos

Bestechende Architektur: das Vitra Design Museum, entworfen vom berühmten Frank O. Gehry

bei Kandern zu blutigen Auseinandersetzungen zwischen Freischärlern und Regierungstruppen.

Museum: Töpferware aus allen Zeiten ist im **Heimat- und Töpfermuseum** ausgestellt, das seinerseits in einem schmucken Staffelgiebelhaus aus dem 16. Jh. untergebracht ist (Ziegelstr. 30; geöffnet: Apr. – Ende Nov. So. 10.00 – 12.30 u. 15.00 – 17.30 Uhr).

Aktivitäten: Mit dem sympathischen Spitznamen **Chanderli** ist die im Kandertal verkehrende Museumsbahn gemeint (Bahnbetrieb: Mai – Okt. So. u. n. V., Tel. 07626/972356, www.kandetalbahn.de).

Umgebung: Ein prächtiger Ausblick plus Kaffee auf der Sonnenterrasse sind Annehmlichkeiten, die hinauf nach **Schloss Bürgeln** locken. Einst stand hier eine Burg, die später als Kloster diente. Das im Bauernkrieg zerstörte Schloss wurde 1762 von Baumeister Franz Anton Bagnato im Stil des Rokoko wieder aufgebaut (Führungen ab 6 Personen: März bis Nov. Mi. – Mo. 11.00, 14.00, 15.00, 16.00, 17.00 Uhr u. n. V., Tel. 07626/237).

ⓘ Verkehrsamt
Hauptstr. 18, 79400 Kandern
Tel. 07626/972356, Fax 07626/972357
www.kandern.de

Bad Bellingen ⑦

Ähnlich wie in Bad Krozingen verlief die Sache in Bad Bellingen (3500 Einw.), allerdings 40 Jahre später: 1956 zogen die Bellinger aus, um Erdöl zu suchen und Thermalquellen zu finden. Nur ganz kurz begnügte man sich mit einem Weinbottich als Badezuber, dann entwickelte sich rasch ein blühendes Kurleben.

Sehenswert: Mit welchen Mitteln die Kurgäste einstmals zu genesen hofften, zeigt das **Oberrheinische Bäder- und Heimatmuseum** im Ortsteil Bamlach: Schröpfen und zur Ader lassen gehörten früher zum badeärztlichen Standardprogramm. Zwischen Zubern und Wannen erfährt man Interessantes über die Thermalwasserbohrung der 1950er-Jahre sowie über den hiesigen Weinbau und die Schifffahrt auf dem Rhein (Alte Weinstraße 25; geöffnet Mi. u. So. 14.00 – 17.00 Uhr).

Aktivitäten: Allen Komfort für Kur- und Wellness-Gäste bieten die **balinea thermen** mit Thermalbad, Saunapark und Gesundheitszentrum und Fit-Bar (geöffnet: tgl. 9.00 bis 22.00, Apr. – Okt. schon ab 8.00 Uhr). Der **Golfplatz** in Bad Bellingen-Bamlach gehört zu den größten seiner Art im deutschen Südwesten (geöffnet tgl. 8.30 Uhr bis Einbruch der Dunkelheit, keine Winterpause; Info-Tel. 07635/822862).

ⓘ Tourist-Information
Badstr. 14, 79415 Bad Bellingen
Tel. 07635/821100, Fax 07635/808290
www.bad-bellingen.de

Lörrach ⑧

Erstmals urkundlich erwähnt wurde die Stadt, im 11. Jahrhundert. Lörrach stand jedoch meist im Schatten der benachbarten schweizerischen Kultur- und Wirtschaftsmetropole Basel. Seit dem 18. Jh. entwickelte sich in Lörrach die Textilindustrie, andere Industriezweige wie die Nahrungsmittelproduktion (u. a. Suchard) kamen später dazu. Heute ist Lörrach (derzeit 46000 Einw.) ein außerordentlich lebhafter Wirtschaftsstandort im Dreiländereck Südbaden – Südliches Elsass – Nordwestschweiz. Übrigens: Lörrach war einen Tag lang Hauptstadt der Deutschen Republik – am 21. September 1848.

Sehenswert: Das 2002 völlig umgekrempelte **Museum am Burghof** gewährt mit seiner ›Expo Trirhena‹ Einblicke in die wechselvolle Geschichte sowie die wirtschaftliche und kulturelle Entwicklung des Dreiländerecks (Baseler Str. 143; geöffnet: Mi. – So. 14.00 bis 17.00, So. auch 11.00 – 13.00 Uhr). Schwer gebeutelt wurde die 1259 erstmals erwähnte **Burg Rötteln** mehrfach in ihrer Geschichte. 1332 belagerten die Baseler die Feste, weil ein Markgraf von Rötteln einen ihrer Bürgermeister erstochen hatte. Zwar wurde der Konflikt friedlich beigelegt, doch 1356 bebte die Erde selbst: Das nahe Basel fiel in Trümmer und auch an der Burg Rötteln gingen die Erschütterungen nicht spurlos vorüber. 1678 wurde die Feste von den Franzosen endgültig zerstört. Heute gibt es bei der Ruine ein kleines Museum (geöffnet: Apr. – Okt. tgl. 10.00 bis 18.00, Nov. – März Sa., So. 11.00 – 16.00 Uhr, Führungen n. V.).

Veranstaltungen: Im Sommer locken die **Burgfestspiele Rötteln** zahlreiche Besucher aus nah und fern an (Info: Tel. 07621/53767, www.burgfestspiele-roetteln.de).

Umgebung: Im nahen **Weil am Rhein** lohnt das TOP ZIEL **Vitra Design Museum** einen Besuch. 1989 erbaute der kalifornische Architekt Frank O. Gehry den schneeweiß schimmernden Museumsbau, der allein eine Reise wert ist. Daneben ist die futuristische Fire Station der Architektin Zaha M. Hadid ein Blickfang. Im Museum selbst sind über 300 Stühle ausgestellt, darunter auch Klassiker von Thonet, Henry van de Velde und Le Corbusier (Charles-Eames-Str. 1; geöffnet: Di. – So. u. Fei. 11.00 – 18.00 Uhr, Führungen n. V., Tel. 07621/7023200). Auge in Auge mit einer Schleiereule: Harry-Potter-infizierte Kinder lernen im **Vogelpark Steinen** ein paar Kilometer nordöstlich von Lörrach endlich einmal die ›echte‹ Hedwig kennen. Dazu locken Flugvorführungen von Adlern und Falken (geöffnet: Mai – Sept. tgl. 9.00 – 18.00, März, Apr., Okt. tgl. 10.00 – 18.00 Uhr; Info-Tel. 07627/7420, www.vogelpark-steinen.de).

ⓘ Tourist Information
Herrenstr. 5, 79539 Lörrach
Tel. 07621/9408911, Fax 07621/9408914
www.loerrach.de

TIPP

Stimmen

Jedes Jahr im Juli lädt Lörrach zu einer Reise durch die Gesangs- und Chormusik ein. Das Festival mit der sinnigen Bezeichnung ›Stimmen‹ findet im Burghof sowie auf mehreren anderen Bühnen in der Stadt und in der näheren Umgebung statt. Auf dem Programm stehen neben Klassik und Jazz auch Rock und Pop. Informationen gibt es bei: Stimmen-Festival Burghof GmbH, Herrenstr. 5, 79539 Lörrach, Tel. 07621/9408922, Fax 07621/9408934, www.stimmen.com

Sonnige Terrassen, wilde Schluchten

Ein kontrastreiches Finale bereichert den Schwarzwald zum Hotzenwald hin. Weite Sonnenterrassen brechen jäh zum Hochrhein ab, tosende Wildwasser erkämpfen sich ihre Wege durch schroffe Schluchten, fragile Farne verschleiern nur notdürftig überhängende Felszacken, mächtige Tannen krallen sich in den Granit, ein Stück ungezähmte Wildnis. Vielleicht hat dies auch auf die Bewohner abgefärbt, galten doch die Hotzenwälder einst als freiheitsbewusster Menschenschlag, der sich immer wieder gegen Einschränkungen auflehnte.

An manchen Tagen reicht der Blick von den Sonnenterrassen des Hotzenwaldes bis zu den Schweizer Alpen

▲ *Eppenhofer Viadukt der Sauschwänzlebahn*

▼ *Sägemühle an der Wutach*

▼ *Roter Fingerhut*

▲ Wanderung durch die Lotenbachklamm

▼ Der Lokführer wartet auf den Pfiff

▲ Die Rangerin erklärt das Wutach-Flusssystem

▼ Die Wutach bei Blumberg

Grand Canyon des Schwarzwaldes – schmale Wege, von Baumwurzeln wie von trägen Fingern überwölbt, der Duft von Mädesüß und dann die Wutach. Rasch und hart an den Flussschnellen, leise und spiegelglatt in den weiten Biegungen strömt sie zwischen aufklaffenden Felswänden hindurch. Die Wutachschlucht darf nicht nur ihres wilden Charakters wegen als eines der lohnendsten Wanderziele Südwestdeutschlands bezeichnet werden, naturkundlich Interessierte finden hier eine Fülle von Attraktionen vor. Auf ihrem Lauf hat sich der Fluss tief in fast alle Gesteine des südwestdeutschen Schichtstufenlandes eingeschnitten, in den Granit und Gneis des Grundgebirges ebenso wie in Buntsandstein, Muschelkalk, Keuper und Jura des Deckgebirges. Geradezu dramatisch präsentiert sich die in den Fels gefräste Klamm des Lotenbachs, der bei der Schattenmühle in die Wutach mündet.

In der großartigen Schlucht gedeiht eine bunte Vielfalt seltener Pflanzen, darunter auch Hirschzunge, Felsennelke, Gelber Eisenhut, Roter Fingerhut und Türkenbund. Ferner ist die Schlucht bekannt für ihre artenreiche Tierwelt. Graureiher können hier Forellen, Äschen und Elritzen fangen, am Ufer lassen sich Bachstelzen, Wasseramseln und sogar Eisvögel mit ihrem bunten Gefieder beobachten, hoch in den Lüften schweben Bussard, Weihe und Milan.

Sauschwänzle unter Dampf

Ein Blick auf die Karte genügt, um zu verstehen, wie man ausgerechnet einer Bahnstrecke den Namen ›Sauschwänzle‹ geben kann: Zwischen Blumberg oberhalb des Knicks der Wutachschlucht und dem an der unteren Wutach gelegenen Ort Weizen kringelt sich der Schienenstrang so lustig wie ein Sauschwänzle durch die malerische Landschaft. Doch die Planer hatten zwischen 1887 und 1890 ihre liebe Not mit dem Gelände, denn 9,6 Kilometer Luftlinie mit einer Höhendifferenz von 231 Metern hätten 24 Promille Steigung bedeutet – viel zu viel für eine Bahn, die im Kriegsfall schwere Geschütze transportieren sollte. Um die Steigung zu verringern, verlängerte man die Strecke künstlich. Man verlegte 25 Kilometer, baute eiserne Brückenungetüme und sprengte sechs Tunnel ins

▲ Im ›Hüsli‹ bei Grafenhausen wohnte Professor Brinkmann von der Schwarzwaldklinik

▲ Schloss Bonndorf

▼ Fischer Eckert in seinem Forellenteich bei Herrischried

▼ Küche im Bernauer Resenhof

▲ Idylle im Landkreis Waldshut-Tiengen

▼ Schwarzwälder Speck frisch aus dem Rauch

Gebirge. 1976 wurde der offizielle Bahnbetrieb eingestellt. Aber immer noch schnaufen Dampfloks das Sauschwänzle auf und ab, rußige Rauchwolken ausschnaubend. Das ist Blumberger Eisenbahnfreunden zu verdanken, denn sie betreiben die Strecke seit 1977 als Museumsbahn.

Störrische ›Wälder‹

Als Klöster und Grundherren im Mittelalter den Südschwarzwald erschlossen, brauchten sie dringend Bauern aus der Umgebung. Um ihnen den Aufbruch ins Unbekannte schmackhaft zu machen, sicherten die Fürstäbte des Klosters St. Blasien im Mittelalter den Siedlern im Waldgebirge zwischen Wutachschlucht und Hochrhein, das erst viel später als Hotzenwald bekannt werden sollte, umfangreiche Rechte zu.

SPECIAL

Vom Hotz

Erst im 19. Jh. wurde die Bezeichnung Hotzenwald für das Gebiet der ehemaligen (österreichischen) Herrschaft Hauenstein zwischen Schluchsee und Hochrhein gebräuchlich. Mit ›Hotzen‹ bezeichnet man eine Art grobes Wolltuch, aus dem sich die Bauern der Region einst ihre Hose, den ›Hotz‹, schneiderten.

Dort, wo die Äcker nicht im Überfluss Früchte tragen und die Weiden nur eine begrenzte Anzahl Vieh ernähren, herrschte einst ein fragiles Gleichgewicht zwischen Leben und Sterben. Als wäre das nicht schon schwer genug, pflegten die Hotzenwälder eine problematische Erbtradition. Alle Kinder erbten gleich viel, die großen Höfe wurden immer weiter aufgeteilt, die Besitztümer somit immer kleiner. Außerdem nahm die Bevölkerung im 18. Jh. stetig zu, viele Menschen konnten sich nicht mehr von ihrem Grund und Boden ernähren, verdingten sich als Tagelöhner, Waldarbeiter, Schnefler und Salpeterer. Doch wenn die Arbeit knapp wurde oder der Absatz stagnierte, herrschte bittere Not. Viele wanderten aus.

In dieser sozial angespannten Zeit kamen die Klosterherren von St.Blasien auf die Idee, die Sonderrechte der Hotzen einzuschränken und ihnen die Leibeigen-

▲ Der Dom von St. Blasien überwältigt außen ...

▼ ... wie innen mit seinen Ausmaßen

▲ Tal der jungen Wehra im Herbst

▲ Moderne Hotzen

▼ Im Januar jagen Schlittenhunde rund um Todtmoos

▲ Hof im Wehratal bei Todtmoos

SPECIAL

Ein Abfallprodukt

Salpeter ist ein weißes Salz, das im Urin von Tieren vorkommt und sich in Ställen und Dunglegen anreichert. Dieses Abfallprodukt hatte hohen Wert, wurde doch aus Salpeter, Schwefel und Holzkohle Schießpulver hergestellt. So genannte „Salpeterer" zogen von Ort zu Ort, kratzten in den Bauernhöfen die weiße Salzkruste von den Wänden und kochten die unappetitliche Masse in ihren Siedereien zu reinem Kali-Salpeter aus. Für die armen Hotzenwälder war dies ein wichtiger Erwerbszweig.

schaft aufzuzwingen. In blutigen Aufständen verteidigten die ›Salpeterer‹ ihre alten Rechte, schickten sogar eine Abordnung an den kaiserlichen Hof nach Wien, mussten aber 1775 kapitulieren. Ihre Anführer, darunter Johann Fridolin Albiez, genannt ›Salpeterhans‹, kamen im Gefängnis um, wurden aufs Rad geflochten, gehenkt oder mitsamt ihren Familien ins Exil geschickt, ins Banat und nach Siebenbürgen, ›von wo seither keine Nachricht gekommen, ob sie gesund geblieben‹.

Snow Dogs in Todtmoos

Ende Januar fühlt man sich im friedlichen Todtmoos geradewegs nach Alaska versetzt. Gut tausend ›Snow Dogs‹, Huskys und Samojeden, zerren an den Leinen, das Gebell ist ohrenbetäubend, ihre Herrchen und Frauchen, in diesem Metier ›Musher‹ genannt, laden die Hundeschlitten aus Wohnmobilen und Transportern. Dann ist die hohe Zeit der Schlittenhunderennen.

Seit 1975 kämpft eine zunehmende Zahl von Gespannen im tief verschneiten Südschwarzwald um den Titel des deutschen Meisters. Bevor es losgeht, gibt's viel zu tun: Kufen werden gewachst, die Pfoten der Hunde versorgt. Kurz vor dem Start erreicht die Aufregung ihren Höhepunkt, die Hunde sind ›heiß‹. Jetzt nicht mitrennen dürfen, wäre die schlimmste Strafe für einen Hund! Sobald der Musher den Anker löst, prescht das achtköpfige Gespann los, um dann durch den Schnee zu stürmen. Jährlich lockt die Mischung aus Abenteuer und Romantik mehr und mehr Zuschauer

▲ Einladend: die Kaiserstraße in Waldshut ▼ Bad Säckingen: die längste Holzbrücke Europas

▲ Storchenturm in Waldshut-Tiengen ▼ Teufelsküche bei Dachsberg ▼ Schwyzertag in WT-Tiengen

▲ *In Laufenburg fühlt man sich fast schon wie in der Schweiz*

▼ *Der Trompeter von Säckingen*

an die Rennstrecke, die sich bei Country-Musik an dampfenden Bechern, gefüllt mit Glühwein, wärmen, zwei Tages- und zwei Nachtrennen lang.

SPECIAL

Schwarzwälder Schinken

Wie er nach alter Tradition richtig echten Schwarzwälder Schinken herstellt, verrät Metzgermeister Bär aus Todtmoos: Geschlachtete Schweine werden auf Schinkengröße zerlegt, dann geht es ans Trockenpökeln: Gut eine Woche lang liegen die Keulen in einer aromatisch duftenden Gewürzmischung aus Salz, Pfeffer, Lorbeerblättern, Senfkörnern und Wacholderbeeren. Dann werden die Schinken zwei Wochen lang nass gepökelt, bevor sie in den Rauch kommen. Beim Brennstoff ist Metzger Bär wählerisch: Nur frisches Sägemehl aus reinem Naturholz, dazu Tannen- und Wacholderzweige fürs Aroma. Bis zu fünf Wochen hängen die Stücke dann in der Räucherkammer, so lange, bis das letzte Wasser entzogen ist. Das Fleisch verliert dabei bis zu 30 % an Gewicht. Vor der Erfindung des Kühlschranks räucherten die Bauern, um Fleisch länger haltbar zu machen, eine Eigenschaft, die für echten Schwarzwälder Schinken auch heute gilt: ›Er verdirbt nicht mehr, sondern wird nur immer trockener. Nach zwei Jahren ist er steinhart, aber essen kann man ihn noch!‹ verspricht Metzger Bär.

Der berühmte Trompeter

Fährt man vom Hotzenwald nach Bad Säckingen an den Hochrhein hinunter, so sieht man schon von weitem die beiden Türme des im Gedenken an den hl. Fridolin erbauten Münsters. Doch sehr viel populärer als der Schutzpatron der Kurstadt ist der Trompeter von Säckingen, Hauptfigur in einem Versepos des Joseph Victor von Scheffel: Die adelige Maria Ursula von Schönau entflammte in unsterblicher Liebe zum ›Trompeter von Säckingen‹ genannten Werner Kirchhof, doch der Standesunterschied gefiel ihrem Herrn Papa ganz und gar nicht, er schickte das junge Fräulein nach Wien. Der Trompeter aber folgte ihr, wurde erst Domkapellmeister und dann geadelt. Der Hochzeit stand nichts mehr im Wege.

Maßstab 1:200.000
3 km
76
90
60
46
60
90
09
06
Oberried
Sankt Ulrich
Schauinsland
Hinterzarten
TITISEE-NEUSTADT
Friedenweiler
BRÄUNLINGEN
HÜFINGEN
LÖFFINGEN
Feldberg
Lenzkirch
TODTNAU
Belchen
SCHÖNAU
Schluchsee
BONNDORF im Schwarzwald
BLUMBERG
SANKT BLASIEN
Grafenhausen
Birkendorf
Todtmoos
Häusern
Höchenschwand
Ühlingen-Birkendorf
STÜHLINGEN
ZELL im Wiesental
Hausen im Wiesental
SCHOPFHEIM
WEHR
Rickenbach
Herrischried
Görwihl
Albbruck
WALDSHUT-TIENGEN
Weilheim
Wutöschingen
Eggingen
Lauchringen
Klettgau
Küssaberg
Jestetten
NEUHAUSEN
Hohentengen
KAISERSTUHL
EGLISAU
ZURZACH
KLINGNAU
Döttingen
LAUFENBURG
Laufenburg
BAD SÄCKINGEN
Murg
Schwörstadt
Möhlin
Wallbach
HALLAU
NEUNKIRCH
Beggingen
Schleitheim
Dachsberg (Südschwarzwald)
Dogern
Rhein
Schwarzwald
Wutach

Infos

Hinweisschild in der Wutachschlucht

Bonndorf ①

Zu einem kleinen Spaziergang lädt das freundliche Städtchen Bonndorf (6800 Einw.) ein mit einem vorzüglich restaurierten Schloss der Fürstäbte von St. Blasien sowie dem zum Kultur- und Landschaftspark verwandelten Ehrenbachtal.

Sehenswert: Das **Narrenmuseum** im **Schloss** zeigt über 400 Narrenfiguren ›en miniature‹. Klar, dass auch die lokale Fasnetsfigur, der Pflumeschlucker, vertreten ist (geöffnet: Mi. bis So. 10.00 – 12.00 u. 14.00 – 17.00 Uhr). Im **Schlosspark** gibt es eine **Grenzstein-Sammlung** sowie einen Japanischen Garten mit Teehaus und Schildkröteninsel. Dazu betören ein Summstein und ein Klangwindrad die Sinne.

Umgebung: Nördlich von Bonndorf verläuft die **Wutachschlucht**, eine der großartigsten Flusslandschaften Deutschlands mit einer einmaligen Pflanzen- und Tierwelt. Hier kann man herrlich wandern, so etwa vom Bonndorfer Teilort Boll zur Wutach-Versickerung beim **Rümmelesteg**, von der **Schattenmühle** in die spektakuläre **Lotenbachklamm** oder weiter flussaufwärts zur **Ruine Stallegg** und in die **Rötenbachschlucht**. Ein weiterer Höhepunkt ist die wilde **Gauchachschlucht** ein paar Kilometer flussabwärts (südlich der Ortschaft Döggingen).

Aktivitäten: Sehr zu empfehlen ist eine Erkundung der Wutachschlucht unter der fachkundigen Führung der Rangerin, die das große Naturschutzgebiet zu betreuen hat (Informationen: Frau Franke, Landratsamt Waldshut, Tel. 07751/860).

ⓘ Tourist-Information
Schlossstr. 1, 79848 Bonndorf
Tel. 07703/7607, Fax 07703/7507
www.bonndorf.de

Blumberg ②

Hoch über dem Wutachknie am östlichen Rand des Südschwarzwaldes liegt das freundliche Städtchen Blumberg (11000 Einw.), dessen Hauptattraktion die Sauschwänzlebahn ist.

Aktivitäten: Die Fahrt mit der **Sauschwänzlebahn** ist ein Muss für Freunde nostalgisch dampfender Loks in idyllischer Landschaft: Die Museumsbahn verkehrt zwischen Blumberg und dem an der unteren Wutach gelegenen Bahnhof Weizen und fährt über spektakuläre Viadukte sowie durch etliche Tunnels (Fahrzeiten: Mai – Okt. Sa., So., Fei. sowie an einigen Wochentagen in den Schulferien; Info: Tel. 07702/51200, Fax 07702/51222, www.sauschwaenzlebahn.de).

Umgebung: Blumberg ist ein guter Ausgangspunkt für Erkundungen der **Wutachflühe** (unteres Wutach-Durchbruchstal) mit ihren jäh abstürzenden Wäldern und weiß leuchtenden Felszinnen.

ⓘ Stadtverwaltung
Hauptstr. 97, 78176 Blumberg
Tel. 07702/510, Fax 07702/51105
www.stadt-blumberg.de

Grafenhausen ③

Mehrfach wurde der Luftkurort (2300 Einw.) auf dem sonnigen Hochplateau schon für sein familienfreundliches Angebot ausgezeichnet.

Bei Grafenhausen wird dieses Bier gebraut

Sehenswert: Millionen Fernsehzuschauer haben es schon gesehen: Das **Hüsli** bei Grafenhausen ging als Wohnhaus des von Klaus-Jürgen Wussow gespielten Prof. Brinkmann aus der TV-Serie ›Schwarzwaldklinik‹ in die Mediengeschichte ein. 1911/1912 ließ sich die Sängerin Helene Siegfried das strohgedeckte Haus erbauen, genau so, wie für alle Nichtschwarzwälder ein Schwarzwaldhaus auszusehen hat: Klein und gemütlich, mit Blumenkästen, Bauernschränken und Kachelofen. Und in jedem Zimmer tickt mindestens eine Schwarzwalduhr. Seit 1966 fungiert das Hüsli als Heimatmuseum und wird dank der ›Schwarzwaldklinik‹ von Besuchern überschwemmt (geöffnet: Di. – Sa. 10.00 – 12.00 u. 13.30 – 17.00, So 13.30 – 17.00 Uhr).

Umgebung: Eine bootfreie Zone ist der **Schlüchtsee**, gebadet werden darf in dem idyllischen, unter Naturschutz stehenden See aber dennoch.

ⓘ Tourist-Info (Kurverwaltung)
Schulstr. 1, 79865 Grafenhausen
Tel. 07748/52041, Fax 07748/52042
www.grafenhausen.de

St. Blasien ④

Die Klostersiedlung inmitten einer reizvollen Erholungslandschaft, die sich heute als umtriebiger Kurort (4200 Einw.) präsentiert, wird von der mächtigen Kuppel des Doms berherrscht. Im Gegensatz zu den Hochlagen des Hotzenwaldes bleibt St. Blasien meist nebelfrei. Die Keimzelle des Ortes war eine im 9. Jh. gegründete Einsiedelei, die 1065 zur Abtei erhoben wurde.

Sehenswert: Wie vom Himmel gefallen, wirkt TOP ZIEL der **Dom** von St. Blasien, Europas drittgrößte Kuppelkirche Europas, gewaltig ragt sie aus dem Dunkel der Wälder hervor. Auch das in weißem Marmor gehaltene Innere überwältigt die Besucher. Das Gotteshaus ist von 1771 bis 1783 nach Plänen von Michel d'Ixnard entstanden und gilt als Meisterwerk des Klassizismus. Die Kuppelrotunde hat einen Durchmesser von 46 Metern, 20 Säulen tragen die 63 m hohe Kuppel.

Veranstaltungen: Alljährlich im Sommer bildet das mächtige Gottehaus die Kulisse für die **Domfestspiele St. Blasien.**

Umgebung: Nordwestlich oberhalb von St. Blasien, nahe am Herzogenhorn (1415 m), liegt der beliebte Erholungsort **Menzenschwand** mit einem imposanten Wasserfall in der Schlucht des Flüsschens Alb (abendliche Beleuchtung: Mai – Okt. Mi., Sa. u. So.). Ebenfalls nordwestlich von St. Blasien erstreckt sich das als schneesicher bekannte Hochtal **Bernau** mit seinen zehn Weilern. Aus Bernau-Oberlehen stammt Hans Thoma (1839

TIPP

Die Schnefler von Bernau

Arm waren die Bernauer einst, kaum nährte sie ihr Boden. Entsprechend dringend waren sie auf Nebenerwerb angewiesen. Den fanden sie vor allem in der Holzschneflerei. Sie produzierten Teller, Schüsseln, Spanschachteln, Kochlöffel, Wellhölzer, Mausefallen, alles aus Holz. Im 200 Jahre alten Resenhof in Bernau-Oberlehen bekommt man Einblicke in das Holzschneflergewerbe (geöffnet: Mai/Juni Di. – So. 14.00 – 17.00, Juli/Aug. Di. bis Sa. 10.00 – 12.00 u. 14.00 bis 17.00, So. 14.00 – 17.00, Sept. bis Mitte Nov. u. 26. Dez. – April Mi., So. 14.00 – 16.00 Uhr). Wie Profis mit dem Ziehmesser umgehen, ist bei den Schneflertagen im Juni und August zu sehen (Info: Tel. 07675/160040, www.sbo.de/bernau/).

bis 1924), einer der bekanntesten Maler des Schwarzwaldes. Im Rathaus von Innerlehen ist ein **Hans-Thoma-Museum** eingerichtet (geöffnet: Di. – Fr. 10.00 – 12.00 u. 14.00 bis 17.00, Sa., So. u. Fei. 10.30 – 12.00 u. 14.00 bis 17.00 Uhr, 15. Nov. – 10. Dez. geschlossen).

ⓘ Tourist Information
Am Kurgarten 1 – 3, 79837 St. Blasien
Tel. 07672/41430, Fax 07672/41438
www.sankt-blasien.de

Todtmoos 5

Seit 1275 ist eine Wallfahrtskapelle im ›toten Moos‹ bekannt. Ringsum siedelten zunächst nur Holzhauer, aber im Zuge der Marienwallfahrten konnte sich der Ort rasch entwickeln. Heute ist Todtmoos ein beliebter Kurort mit 2100 Einwohnern.

Sehenswert: Im schindelgedeckten **Heimethuus** dreht sich alles um die Geschichte der Todtmooser Wallfahrt und ums bäuerliche Leben anno dazumal (geöffnet: Okt. – Mitte Juni Mi., Fr., So. u. Fei. 14.30 – 17.00, Mitte Juni – Sept. Di. – Fr. u. So. 14.30 – 17.00 Uhr). Im Ortsteil Mättle wartet eine **Magnetkies- und Nickelgrube** auf Besucher (geöffnet: Mai bis Okt. Mi., Sa., So. u. Fei. 14.00 – 17.00, Nov. – Apr. je nach Schneelage Di., Sa. u. Fei. 14.00 – 17.00 Uhr, Info-Tel. 07674/90600).

Aktivitäten: Wer sich selbst als **Musher** versuchen will, kann in Todtmoos lernen, wie man Huskys im Griff und Schlitten in der Spur hält (Infos bei der Kurverwaltung). Nervenkitzel spüren, die eigene Überwindungskraft austesten? Im **Hochseilgarten** am Hochkopf hangeln sich die Mutigsten von Baum zu Baum (Informationen: Power Parcours, Tel. 07674/921055, www.hochseilgarten.com).

Veranstaltungen: Alljährlich am letzten Januarwochenende werden in Todtmoos **Schlittenhunderennen** ausgetragen. Im Februar 2003 finden hier sogar Weltmeisterschaften statt.

Umgebung: Das Naturphänomen **Gletschermühle** – dies sind mehrere während und nach der letzten Eiszeit entstandene Strudellöcher – erreicht man von der Kreisstraße K 6591 südlich der Schwarzen Säge über eine Holztreppe.

ⓘ Tourist Information
Wehratalstr. 19, 79682 Todtmoos
Tel. 07674/90600, Fax 07674/906025
www.todtmoos.de

Hotzenwald 6

Als ›Hotzenwald‹ bezeichnet man grob gesagt das Gebiet zwischen Schluchsee und Hochrhein. Früher erkämpften die Bauern hier ihren Lebensunterhalt sehr hart, heute blüht hier der Tourismus. Ganz begeistert vom Hotzenwald war beispielsweise der frühere Bundespräsident Gustav Heinemann. Charakteristisch für die Landschaft sind Streusiedlungen und weite Wiesen, umgeben von Wäldern und Hochmooren, alles fernab von industriellen Ballungszentren.

Sehenswert: Mitten im Hotzenwald liegt der Ort **Görwihl**, in dessen Heimatmuseum man sich über die Salpetersiederei und die frühere Hausweberei informieren kann (geöffnet: Ostern – 11. Nov. So., Fei. 14.00 – 16.00 Uhr). In **Großherrischried** ist der 1424 erbaute **Klausenhof**, einer der ältesten Schwarzwaldhöfe, als Museum zugänglich. Hier wird man über den Alltag der früheren Hotzenwald-Bewohner aufgeklärt. Ein technisches Wunder ist die inzwischen über 400 Jahre alte **Lindauer Säge** (geöffnet: Jan. – Mai Di., So. u. Fei., Juni – Sept. Di.,, Mi., Sa., So. u. Fei., Nov. u. Dez. Di. u. 2. Weihnachtsfeiertag jeweils 14.00 – 17.00 Uhr).

ⓘ Tourist Information
Hauptstr. 54, 79733 Görwihl
Tel. 07754/70810 , Fax 07754/70850
www.goerwihl.de

TIPP

Kirschtorte

Was wäre der Schwarzwald ohne Schwarzwälder Kirschtorte? In Todtmoos werden alle 14 Tage entsprechende Backkurse angeboten. Etwa eine Stunde dauert es, bis man weiß, worauf es beim Backen einer Kirschtorte ankommt. Zum Abschluss dürfen die frisch gebackenen Tortenbäcker ihre Kreationen kosten. Dazu gibt´s natürlich auch ein Tässchen Kaffee (Termine und Anmeldung: Cafe Zimmermann, Kurparkweg 2, 79682 Todtmoos, Tel. 07674/90570).

TIPP

Heilende Kräuter

Gleich in der Nachbarschaft vom Klausenhof, im Hof Berg-Garten, ist ein botanischer Garten angelegt, in dem vielerlei Kräuter und Stauden gezogen werden, darunter natürlich auch diverse Heilkräuter. Allerweltskräuter wie Johanniskraut und Schafgarbe, Brennessel und Thymian sind altbekannte Hausmittel bei mancherlei Gebrechen. An Ort und Stelle gibt es dann auch botanische Führungen und praktische Tipps fürs Kräutersammeln (Infos: Hof Berg-Garten, Lindenweg 2, 79373 Herrischried, Tel. 07764/239, Fax 07764/215, www.hof-berggarten.de).

Waldshut 7

Die Doppelstadt am Hochrhein – sie zählt heute rund 23000 Einwohner – ist 1975 im Zuge der baden-württembergischen Verwaltungsreform gebildet worden. Die beiden mittelalterlichen Stadtkerne liegen 8 km voneinander entfernt. Im 13. Jh. haben die Habsburger die Stadt zur ›Hut des Waldes‹ aufgebaut als Zentrum einer Vogtei, deren Einflussbereich bis St. Blasien reichte. Wesentlich älter, bereits 858 urkundlich erwähnt, ist Tiengen, das Tor zum Klettgau.

Sehenswert: Hauptschlagader von **Waldshut** ist die **Kaiserstraße** mit ihren vielen historischen Bauten, darunter dem 1726 errichteten Rathaus. Hier steht auch die **Alte Metzig**, ein

Infos

Bildschön: ist der Klausenhof in Großherrischried

spätgotisches Steinhaus, das heute als Stadtmuseum dient (Kaiserstr. 62; geöffnet: Mi. bis Fr. 14.00 – 17.00, So. 11.00 – 13.00 u. 14.00 bis 17.00 Uhr). In **Tiengen** steht das **Schloss** der Fürsten von Schwarzenberg, in dem das **Klettgau-Museum** mit hochinteressanten archäologischen Funden aus der Umgebung eingerichtet ist (geöffnet: Apr. – Okt. Do. 16.00 – 18.00, So. 10.30 – 11.30 Uhr). Gleich nebenan lohnt ein Blick in die vom Vorarlberger Barockbaumeister Peter Thumb entworfene **Schlosskirche St. Maria** mit ihren wundervollen Fresken.

Veranstaltungen: Bereits zum 534. Mal hat man 2002 in Waldhut die **Chilbi** gefeiert. Beim Festumzug im August ist ein Schafbock mit von der Partie, denn die Waldshuter zeigten bei der Belagerung 1468 den angreifenden Eidgenossen einen wohlgenährten Hammel als Zeichen dafür, dass sie noch lange nicht ausgehungert seien. Am 1. Juli-Wochenende feiern die Tiengener den **Schwyzertag** in Erinnerung an eine Belagerung durch die Eidgenossen im Jahre 1415.

Aktivitäten: Herrliche **Bootsfahrten** den Hochrhein hinauf und hinunter sind in Waldshut und Tiengen von mehreren Anlegestellen aus möglich (Info: Rheinschifffahrt Waldshut-Tiengen, Tel. 07751/833240).

Training auf dem Golfplatz bei Rickenbach

Umgebung: Ca. 8 km südöstlich von WT-Tiengen ist die 1634 zerstörte **Küssaburg** ein Ausflugsziel. Nordöstlich von WT-Tiengen, in einer Wiese bei Degernau findet man ein jungsteinzeitliches **Megalithgrab** mit dazu gehörigen Menhiren (einer bei Degernau, einer beim Tiengener Sportplatz).

ⓘ Tourist-Information
Wallstr. 26, 79761 WT-Waldshut
Tel. 07751/833198, Fax 07751/833126
www.waldshut-tiengen.de

Bad Säckingen ⑧

Das doppeltürmige Fridolinsmünster, die malerische Fischergasse, der alte Gallusturm und die gedeckte Holzbrücke über den Rhein, dazu noch ein mildes Klima – dies alles macht Bad Säckingen (17000 Einw.) zu einem der schönsten Orte am Hochrhein. Seit der Erschließung von Thermalwasser-Vorkommen in den 1970er-Jahren herrscht hier auch ein reger Kurbetrieb.

Sehenswert: Das 1380 geweihte **Fridolinsmünster** 17./18.Jh. barockisiert und von Franz Joseph Spiegler mit einem großartigen Deckengemälde versehen. In der Münsterschatzkammer werden die Reliquien des hl. Fridolin aufbewahrt, jenes irischen Missionars, der im 7. Jh. am Hochrhein gewirkt hat. Populärer als der Heilige ist der **Trompeter von Säckingen**, Hauptfigur in einem Versepos des Dichters Scheffel.

Museen: In einem Park steht das um 1600 erbaute **Schloss Schönau**, kurz ›Trompetenschlössle‹ genannt, in dem an Scheffel erinnert wird. Ferner ist hier eine große Trompetensammlung untergebracht. Im benachbarten **Hochrhein-Museum** erfährt man einiges über die Vor- und Frühgeschichte der Gegend (geöffnet: Di., Do., So. 14.00 bis 17.00 Uhr). Die mit 200 m längste **gedeckte Holzbrücke** Europas überspannt seit 1571 den Hochrhein und verbindet Bad Säckingen mit dem Schweizer Ufer

Aktivitäten: Golfen mit Blick auf Schwarzwald und Schweizer Alpen ist in **Rickenbach** möglich (GC Rickenbach e.V., Tel. 07765/777).

TIPP

Stutenmilch

›Stutenmilch regeneriert meinen Körper und beflügelt meinen Geist‹, soll Leo Tolstoi gesagt haben. Heute wird Stutenmilch als gesundheitsförderndes Mittel gehandelt, das sich wohltuend auf Magen, Darm und Haut auswirken soll. Wie man Stuten melkt und welche Kosmetika daraus zubereitet werden, erfahren die Gäste auf dem Jungholzer Stutenmilchhof bei einer Hofbesichtigung. Kaffee und Vesper im Anschluss sind ebenfalls sicher (Stutenmilchhof Häßle, 79736 Rickenbach-Jungholz, Tel. 07765/8314, www.bio-stutenmilch.de).

Umgebung: Weiter rheinaufwärts erreicht man das pittorekse mittelalterliche Städtchen **Laufenburg** mit seiner malerischen Schwester auf dem gegenüber liegenden Flussufer.

ⓘ Kurverwaltung
Waldshuter Str. 20, 79713 Bad Säckingen
Tel. 07761/56830, Fax 07761/568317
www.bad-saeckingen.de

Wehr ⑨

Stürmische Zeiten hat die 14000 Einwohner zählende Heimatstadt der berühmten Geigenvirtuosin Anne-Sophie Mutter hinter sich: Gebeutelt von den Wirren der Bauernaufstände im Mittelalter fingen Regierungstruppen während der Badischen Revolution 1848 hier den Anführer der Freiheitskämpfer Gustav von Struve ein. Heute ist Wehr ein lebhafter Industriestandort mit aufwändig sanierten historischen Bauten.

Sehenswert: Die Herren von Schönau haben 1574 das spätgotische **Alte Schloss** (davor ein hübsches Glockenspiel) und 1748 das barocke **Neue Schloss** mit herrlichem Rokoko-Saal erbauen lassen. Mit seinem Staffelgiebel fällt das **Storchehus** (16. Jh.) schon von weitem auf. Das **Stadtmuseum** an der Stadthalle informiert über die Geschichte der Stadt Wehr (geöffnet: Mo. – Fr. 10.00 – 12.00, Mi. u. Do. 14.00 – 16.00 Uhr).

Umgebung: Westlich von Wehr erhebt sich der stark verkarstete **Dinkelberg**. Schimmernde Kunstwerke aus Tropfstein entdeckt man in der **Erdmannshöhle** bei Hasel (geöffnet: Mai bis Sept. tgl., April, Okt. bis 1. Nov. Sa., So., Fei. 10.00 – 18.00 Uhr).

ⓘ Kultur- und Verkehrsamt
Hauptstr. 14 (Rathausplatz), 79664 Wehr
Tel.: 07762/80880, Fax 07762/80861
www.wehr.de

Das macht Spaß: mit dem Rad bergauf und bergab durch den Schwarzwald bei Vöhrenbach

Anreise

Auto: Motorisierte Besucher erreichen den südlichen Schwarzwald über die Rheintal-Autobahn A 5 (Karlsruhe – Freiburg – Basel) sowie über die Bodensee-Autobahn A 81 (Stuttgart – Rottweil – Singen). Gut ausgebaute Querverbindungen sind die Bundesstraßen B 33 (Offenburg – Triberg – Villingen-Schwenningen), B 31 (Freiburg – Hinterzarten – Titisee – Neustadt – Donaueschingen) und B 34 (Lörrach – Bad Säckingen – Waldshut-Tiengen). Wichtige Nord-Süd-Verbindungen im südlichen Schwarzwald selbst sind die B 500 (Triberg – Furtwangen – Titisee-Neustadt – Schluchsee – Waldshut-Tiengen), die B 317 (Titisee-Neustadt – Feldberg – Lörrach) und die B 314 (Blumberg – Waldshut-Tiengen).

Auto/Bahn: Von Westerland, Niebüll, Sassnitz und Rostock fährt der **DB AutoZug** saisonal nach Kornwestheim bei Stuttgart. Von Berlin, Hamburg, Bremen, Hildesheim, Düsseldorf und Köln fährt ein DB AutoZug saisonal nach Lörrach (Info: DB AutoZug-Service, Tel. 01805/241224, www.dbautozug.de).

Bahn: Wichtigste Nord-Süd-Verbindung ist die Rheintalstrecke (Karlsruhe – Offenburg – Freiburg – Basel, auf der **ICE**- und **IC**-Züge in kurzen Abständen verkehren. Ebenfalls ICE- und IC-Züge fahren auf der Strecke Stuttgart – Rottweil – Singen (– Zürich). Querverbindungen, auf denen ebenfalls Fernzüge oder zumindest **IRE**- und **RE**-Züge verkehren, sind die Schwarzwaldbahn (Offenburg – Villingen-Schwenningen – Donaueschingen), die Höllentalbahn (Freiburg – Titisee-Neustadt, hier Anschluss nach Donaueschingen), die Drei-Seen-Bahn (Freiburg – Titisee – Schluchsee) und die Hochrheinbahn (Basel – Waldshut-Tiengen – Singen). Für die An- und Abreise über Nacht empfehlen sich sich die **CityNightLine**-Züge ›Berliner‹ und ›Semper‹, die Berlin, Dresden, Halle und Leipzig mit Offenburg und Freiburg verbinden. Mit dem CityNightLine-Zug ›Komet‹ kommt man von Hamburg, Bremen und Hannover nach Offenburg und Freiburg. Diese beiden Städte erreicht man mit dem CityNightLine-Zug ›Sirius‹ aus Dortmund, Bochum, Essen, Duisburg, Düsseldorf, Köln, Bonn und Koblenz sowie zusätzlich an Sommerwochenenden aus Norddeich Mole, Norden, Emden, Leer, Meppen, Lingen, Rheine und Münster (Info: DB ReiseZentren, Reisebüros mit DB-Lizenz; CityNightLine-Hotline, Tel. 01805/213421, www.citynightline.ch). Aus dem Rhein-Ruhr-Gebiet sowie aus Hamburg, Bremen, Hannover und Berlin gelangt man mit dem **DB NachtZug** via Stuttgart in den Südschwarzwald. (Info: DB NachtZug-Service, Tel. 01805/141514, www.dbnachtzug.de). Im südlichen Schwarzwald sind noch einige **Regionalbahnstrecken** erhalten. Züge regionaler Verkehrsverbünde und -unternehmen verkehren auf folgenden Strecken: Kehl – Offenburg – Hausach (Ortenau-S-Bahn), Freiburg – Riegel – Breisach (Kaiserstuhl-S-Bahn), Freiburg – Waldkirch – Elzach (Elztalbahn), Bad Krozingen – Staufen im Breisgau - Münstertal (Münstertalbahn), Basel – Lörrach – Zell (Wiesentalbahn).

Flugzeug: Die wichtigsten Flughäfen für den Südschwarzwald sind Basel-Mulhouse im Dreiländereck Deutschland – Schweiz – Frankreich, Zürich-Kloten in der Schweiz, Stuttgart-Echterdingen sowie Strasbourg-Entzheim im Elsass. Diese Airports sind gut in das internationale Luftliniennetz eingebunden. Zwischen dem Flughafen Basel-Mulhouse und Freiburg verkehrt täglich der SBG AirBus (Auskunft: SBG Südbaden Bus).

Auskunft

Schwarzwald Tourismusverband, Ludwigstr. 23, 79104 Freiburg; Info- u. Prospektservice, Tel. 0761/89797979, Fax 0761/89797989, www.schwarzwald-tourist-info.de

Tourismusverband Südlicher Schwarzwald, Stadtstraße 2, 79104 Freiburg, Tel. 0761/2187304, Fax 0761/2187534, www.schwarzwald-sued.de

Mittlerer Schwarzwald Tourismus GmbH, Geschäftsstelle Offenburg, Gerberstr. 8, Tel. 0781/9237777, Fax 0781/9237770, Geschäftsstelle Villingen-Schwenningen, Schwenninger Str. 3, 78048 VS-Villingen, Tel. 07721/846410, Fax 07721/846411, www.schwarzwald-tourismus.com

Bäder

Moderne und zum Teil luxuriöse **Thermalbäder** gibt es in Badenweiler (›Cassiopeia Therme‹), Bad Bellingen (›balinea therme‹), Bad Dürrheim (›Solemar‹), Bad Krozingen (›Vita Classica‹), Bad Säckingen und Freiburg (Eugen-Keidel-Bad). Weitere Auskünfte erteilen die örtlichen Kurverwaltungen. Einige der meistbesuchten **Erlebnisbäder** mit Riesenwasserrutschen und dergleichen sind das ›Laguna Badeland‹ in Weil am Rhein, das ›Aquafun‹ am Schluchsee, das ›Aquasol‹ in Rottweil, ›Die Insel‹ in Gengenbach und das ›Terrassenbad‹ in Lahr.

Besucherbergwerke

Die interessantesten Besucherbergwerke des südlichen Schwarzwaldes findet man am Schauinsland (Nähe Bergstation Schauinslandbahn), in Münstertal (Schaubergwerk ›Teufelsgrund‹),an der Passstraße vom Wiesental ins Münstertal (Bergwerk ›Finstergrund‹), im Suggental bei Waldkirch (Grube ›Erich‹) sowie bei Todtmoos-Mättle (Magnetkies- und Nickelgrube ›Hoffnungsstollen‹).

Camping

In allen bedeutenderen Kur- und Erholungsorten des südlichen Schwarzwaldes gibt es sehr gut ausgestattete Campingplätze, die meisten in landschaftlich reizvoller Lage. Die regionalen Auskunftsstellen (s. Auskunft) halten entsprechendes Informationsmaterial bereit.

Essen und Trinken

Der südliche Schwarzwald ist längst als Schlemmerecke Deutschlands bekannt. In keiner anderen deutschen Landschaft gibt es so viele mit Sternen, Kochmützen, Kochlöffeln usw. ausgezeichnete Restaurants. Ob dies wohl mit der räumlichen Nähe zu Frankreich und der Schweiz zusammenhängt, zwei Ländern, deren gute Küchen Weltruhm genießen? Wie dem auch sei: Im südlichen Schwarzwald bekommt man, was das Herz begehrt, sei es ein aufwändiges Gourmet-Menü, eine Forelle Müllerin oder einfach ein deftiges Vesper mit Rauchfleisch und Bauernbrot.

Gerichte: Typische Schwarzwälder Spezialitäten sind neben Schwarzwälder Rauchfleisch, Schwarzwälder Speck und Schwarzwälder Forellen das badische Schneckensüpple, die Flädlesuppe (Fleischbrühe mit Pfannenkuchenstreifen), Schäufele (gepökelte und gesottene Schweineschulter), eingemachtes Kalbfleisch und Wildgerichte wie Rehrücken, Hasenpfeffer und Wildschweinbraten. Busladungen von Feinschmeckern kommen von Ende April bis Juni ins Markgräflerland und an den Kaiserstuhl, um frischen Spargel zu genießen. Und als Dessert gibt es oftmals Schwarzwälder Kirschtorte.

DATEN UND FAKTEN

- **Landesnatur:** Der südliche Schwarzwald und sein Vorland zeichnen sich durch ihre landschaftliche Vielfalt aus: Reich an Wäldern und Wiesen präsentiert sich der Schwarzwald selbst, die Sommer sind hier oben eher frisch und die Winter oft ziemlich schneereich. Vollkommen anders nimmt sich demgegenüber die Randzone aus, Ortenau, Kaiserstuhl, Oberrheinebene und Hochrheintal. Der äußerste Südwesten Deutschlands ist dessen wärmste Gegend. Gemüsefelder, Obstkulturen und Rebenhänge prägen hier das Landschaftsbild. Im höchsten deutschen Mittelgebirge warten zahlreiche Naturschönheiten auf ihre Entdeckung: Ein vielfältiges Waldbild, Wasserfälle, Seen, Moore und Trockenrasen, dazu herrliche Aussichtsberge und eine saubere Luft. In den Hochlagen des Südschwarzwaldes gedeihen Pflanzen, die sonst erst wieder in den Alpen vorkommen. Anfangs ergaben sich große Umweltprobleme durch den Touristenansturm. Um die Naturschätze zu bewahren, stellte man zahlreiche Gebiete unter Schutz und bemüht sich heute an Brennpunkten wie dem Feldberg, dem Belchen und dem Wutachtal um gezielte Besucherlenkung. Mit 333 000 Hektar ist der vor kurzem eingerichtete Naturpark Südschwarzwald der größte seiner Art in Deutschland.
- **Bevölkerung:** Insgesamt leben etwa 1,7 Millionen Menschen in dem vom vorliegenden Heft abgedeckten Raum. Die größten Städte sind Freiburg (203 000 Einw.), Villingen-Schwenningen (81 000 Einw.) Offenburg (57 000 Einw.), Lörrach (46 000 Einw.) und Lahr (43 000 Einw.). Ausgesprochen dünn besiedelt sind der Hochschwarzwald und der Hotzenwald. Die Bevölkerung ist überwiegend katholisch, doch mit der Zuwanderung nach dem Zweiten Weltkrieg kamen auch Menschen anderer Glaubensrichtungen in den Schwarzwald. Die größeren Industriestädte zeichnen sich durch relativ hohe Ausländer-Anteile aus.
- **Wirtschaft:** Kennzeichnend für den südlichen Schwarzwald sind ausgedehnte Waldflächen, eine lockere Besiedlung, zumeist kleine Orte und nur punktuell vorhandene Industrie. Anders sieht es in der dicht besiedelten Oberrheinebene und im Dreiländereck aus, wo es richtige industrielle Ballungsräume gibt. Nach zarten Anfängen im 19. Jh. begann der Tourismus besonders nach dem Zweiten Weltkrieg aufzublühen. Schon 1954 rührten Vertreter aus dem südlichen Schwarzwald in den USA mit dem Bollenhut in der Hand die Werbetrommel. Die Erschließung von Thermalwasservorkommen sorgte für eine rasche Entwicklung des Kursektors. Heute ist der Tourismus für viele Städte und Gemeinden die oder eine der wichtigsten Einkommensquellen, und der südliche Schwarzwald ist eines der beliebtesten Reiseziele Deutschlands. Im Jahr 2002 zählte man im südlichen Schwarzwald rund 3,4 Mio. Gästeankünfte und 12,5 Mio. Übernachtungen. In der Ortenau, am Kaiserstuhl und in der Oberrheinebene profitieren die Menschen seit Jahrhunderten von guten Böden und einem hervorragenden Klima, die einen ertragreichen Wein-, Obst- und Gemüseanbau ermöglichen. Die verkehrsgünstige Lage am Rhein sorgte zudem für frühe Gewerbe- und Industrieansiedlungen.

Getränke: Wo man gut isst, gibt es auch Feines zu trinken. Badischer Wein, sei er aus der Ortenau, aus dem Glottertal, aus dem Markgräflerland, vom Tuniberg oder vom Kaiserstuhl, ist wirklich von der Sonne verwöhnt. So bekannt wie der Wein sind die Schwarzwälder Edelbrände, allen voran das Kirschwasser (›Chriesewässerli‹), gefolgt von Himbeergeist, Zwetschgenwasser und Obstwasser (meist aus Äpfel und Birnen). Auch Trester sowie Weinhefeschnaps munden. Eine Besonderheit der Ortenau ist der Topinambur (›Rossler‹), der aus der gleichnamigen Knollenfrucht gewonnen wird. Sein Geschmack ist jedoch gewöhnungsbedürftig. Außer Wein und Schnaps gibt es auch gutes Bier. Berühmt sind die Bierspezialitäten der Staatlichen Brauerei Rothaus und der Donaueschinger Brauerei Fürstenberg. Auch an guten Mineralwässern herrscht im Schwarzwald kein Mangel. Stellvertretend für viele Quellen sei hier nur das Bad Dürrheimer Mineralwasser erwähnt.

Hier gibt´s Wein direkt vom Erzeuger

HOTELS (AUSWAHL)

Von Varta-Experten geprüft; weitere Adressen sind im ›Varta-Führer‹ zu finden (im gut sortierten Buchhandel erhältlich).

Preise:

€€€€	Doppelzimmer	über 300
€€€	Doppelzimmer	150–300
€€	Doppelzimmer	90–150
€	Doppelzimmer	30– 90

Donaueschingen: €€€€ **Öschberghof,** Golfplatz 1, 78166 Donaueschingen, Tel. 0771/840, Fax 0771/831840, www.oeschberghof.com; Luxushotel mit Golfplatz, Hallenbad, Sauna, Solarium, Fitnessraum. 54 Z.

Feldberg-Altglashütten: €€ **Pension Schlehdorn,** Am Sommerberg 1, 79868 Feldberg-Altglashütten, Tel. 07655/91050, Fax 07655/910543, www.schlehdorn.de; aussichtsreich an einem Südhang, Sauna, Solarium, Fitnessraum. 16 Z., 10 App., 1 Suite.

Freiburg im Breisgau: €€€ **Colombi L´Art de Vivre-Residenz,** Am Colombi-Park 16, 79098 Freiburg i. Br., Tel. 0761/21060, Fax 0761/31410, www.colombi.de; elegantes Stadthotel, Hallenbad, Sauna, Solarium, Golfmöglichkeit. 112 Z., 6 Suiten.

€€ **Ringhotel Zum Roten Bären,** Oberlinden 12, 79098 Freiburg, Tel. 0761/387870, Fax 0761/3878717, www.roter-baeren.de; ältestes Gasthaus der Stadt. 22 Z., 3 Suiten.

€€ **Zum Schiff,** Basler Landstr. 35 - 37, 79111 Freiburg i. Br., Tel. 0761/400750, Fax 0761/40075555, www.hotel-zumschiff.de; wunderschöner Blick auf die nahen Weinberge, Sauna, Solarium. 65 Z., 1 Apts., 2 Suiten.

Glottertal: €€€ **Hirschen,** Rathausweg 2, 79286 Glottertal, Tel. 07684/810, Fax 07684/1713, www.hirschen-glottertal.de; zentral gelegenes Haus mit schönem Park,

GESCHICHTE

- **5000 v. Chr. – 800 v. Chr.** Jungsteinzeitliche Jäger und Sammler streifen durch die Schwarzwald-Randbereiche.
- **7. Jh. v. Chr – 1. Jh. n. Chr.** Kelten besiedeln die Randbereiche des südlichen Schwarzwaldes.
- **50 – 260 n. Chr.** Die Römer nehmen große Teile Südwestdeutschlands ein. An den Rändern des südlichen Schwarzwaldes entstehen luxuriöse Thermen und Gutshöfe.
- **8. – 10. Jh.** Christliche Mönche missionieren das Land an Ober- und Hochrhein. In Säckingen, Münstertal und St. Blasien entstehen Klöster.
- **11. – 14. Jh.** Der südliche Schwarzwald wird erschlossen und urbar gemacht. Ortsnamen aus dieser Epoche enden auf -ach, -bach, -berg, -au und -schwand. Die Zähringer machen ihren Einfluss geltend und gründen die Städte Freiburg, Offenburg und Villingen. Der Erzbergbau wird ebenfalls aufgenommen. Nach dem Aussterben der Zähringer und der Staufer weiten die Habsburger ihren Herrschaftsbereich beträchtlich aus. Der Breisgau, die Ortenau und die nördliche Baar werden österreichisch. Die Markgrafen von Baden bestimmen die Geschicke in den Räumen Badenweiler, Lörrach und Emmendingen. Im mittleren Schwarzwald tritt Württemberg als Führungsmacht auf.
- **1457** Erzherzog Albrecht von Österreich gründet die Universität Freiburg.
- **16. Jh.** Drückende Abgaben und Herrscherwillkür beschwören vor allem im südlichen Schwarzwald Bauernaufstände herauf, die jedoch niedergeschlagen werden. In diese Zeit fällt auch die Reformation, die den Schwarzwald konfessionell spaltet.
- **1618 – 1648** Der Dreißigjährige Krieg stürzt Wirtschaft und Gesellschaft auch an Rhein, Kinzig und Wutach in eine schlimme Krise. Pestjahre, Viehseuchen und Ernteausfälle folgen auf dem Fuße.
- **Ab ca. 1670** Die Flößerei und das Glasmachergewerbe stehen in voller Blüte und allmählich entwickelt sich auch das Uhrmachergewerbe.
- **1726 – 1748** Die Hotzenwälder verteidigen in den Salpeterkriegen ihre Freiheiten, unterliegen aber.
- **1803/1806** Im Rahmen der Säkularisation werden alle Klöster aufgehoben. Aufgrund der napoleonischen Gebietsreform werden das Großherzogtum Baden und das Königreich Württemberg die alleinigen Herrscher im Schwarzwald.
- **1817** Oberst Tulla beginnt die Rheinbegradigung.
- **1846** Die Rheintalbahn Mannheim – Basel wird in Betrieb genommen.
- **19. Jh.** Nach den napoleonischen Kriegen wird Süddeutschland von einer Hungersnot heimgesucht. Viele Familien wandern aus.
- **1848** Die Deutsche Revolution beginnt in Baden, Gustav Struve und Friedrich Hecker rufen die Republik aus. Der Aufstand wird ein Jahr später niedergeschlagen.
- **1873** Die Schwarzwaldbahn Offenburg – Freiburg nimmt ihren Betrieb auf.
- **1891** Der Südschwarzwald wird als Wintersportgebiet entdeckt.
- **Anfang 20. Jh.** Erste große Uhrenfabriken entstehen.
- **1918** Der badische Großherzog und der König von Württemberg danken ab.
- **1938** In der Reichskristallnacht werden jüdische Einrichtungen zerstört.
- **1939–1945** Im Zweiten Weltkrieg werden viele Städte bombardiert und zerstört, darunter auch Freiburg. Danach besetzen die Franzosen den südlichen Schwarzwald.
- **1952** Aus den Ländern Baden, Württemberg und Württemberg-Hohenzollern wird das Bundesland Baden-Württemberg gebildet.
- **1975** Massive Proteste gegen den Bau eines Atomkraftwerkes bei Wyhl.
- **1991** Die französischen Garnisonen werden aufgelöst.
- **1999** Der Orkan ›Lothar‹ verwüstet Wald und Flur.
- **2000/2001** Der Naturpark Südschwarzwald entsteht.

Tennisplätzen, Hallenbad, Sauna, Solarium. 49 Z.

Häusern: €€€ **Adler Relais & Château**, St.-Fridolin-Str. 15, 79837 Häusern, Tel. 07672/4170, Fax 07672/417150, www.adler-schwarzwald.de; Kneippanlage, Tennis, Hallenbad, Sauna, Solarium. 35 Z., 14 Suiten.

Hinterzarten: €€€ **Thomahof**, Erlenbrucker Str. 16, 79856 Hinterzarten, Tel. 07652/1230, Fax 07652/123239, www.hotel-thomahof.de; klassisches Ferienhotel, Hallenbad, Sauna, Solarium. 47 Z., 2 Suiten.

€ **Kesslermühle**, Erlenbrucker Straße 45, 79856 Hinterzarten, Tel. 07652/1290, Fax 07652/129159. Hallenbad, Sauna, Solarium, Fitnessraum. 35 Z.

Münstertal: €€€€ **Romantik Hotel Spielweg**, Spielweg 61, 79244 Münstertal-Obermünstertal, Tel. 07636/7090, Fax 07636/709666, www.romantikhotels.com; Traditonshaus mit Tennisplätzen, Hallen- und Freibad, Sauna, Solarium. 38 Z, 5 Suiten.

Oberried-Hofsgrund: €€/€€€ **Die Halde**, Halde 2, 79254 Oberried-Hofsgrund, Tel. 07602/94470, Fax 07602/944741, www.halde.com; aussichtsreich gelegen, Hallenbad, Sauna, Solarium, Fitnessraum. 38 Z.

Oberried-Notschrei: €€ **Waldhotel am Notschrei**, Freiburger Str. 56, 79254 Oberried, Tel. 07602/94200, Fax 07602/9420111, www.albiez-team.de; ruhiges Berghotel, Hallenbad, Sauna, Solarium, 24 Z., 5 Suiten.

Titisee-Neustadt: €/€€ **Löwen**, Langenordnach 4, 79822 Titisee-Neustadt, Tel. 07651/1064, Fax 07651/3853, www.loewen-titisee.de; 16 Z., 4 Appartements.

Todtnauberg: €€ **Wellnesshotel Mangler**, Ennerbachstr. 28, 79674 Todtnau-Todtnauberg, Tel. 07671/96930, Fax 07671/8693, www.mangler.de; ruhig und aussichtsreich gelegen, Hallenbad, Sauna, Solarium, Fitnessraum.25 Z., 6 Suiten.

Todtnau-Fahl: € **Lawine**, Fahl 7, 79674 Todtnau-Fahl, Tel. 07676/355, Fax 07676/366, www.lawine.de; altbekannte Adresse am Ende des Wiesentals und zu Füßen des Feldbergmassivs, Sauna, Solarium. 16 Z., 1 Suite.

Triberg: €€€ **Parkhotel Wehrle**, Gartenstr. 24, 78098 Triberg, Tel. 07722/86020, Fax 07722/860290, www.parkhotel-wehrle.de; traditionsreiches Haus, Hallenbad, Sauna, Solarium. 52 Z., 2 Suiten.

€€ **Tannenhof**, Hoflehen 65, 78098 Triberg, Tel. 07722/969600, Fax 07722/969666, www.berghotel-tannenhof.com; Berghotel, Tennisplatz u. Schwimmbad nahebei. 25 Z.

JUGENDHERBERGEN

Jugendherbergen gibt es in Bonndorf, Breisach, Feldberg-Passhöhe, Freiburg, Kandern, Kehl, Lörrach, St. Blasien-Menzenschwand, Schloss Ortenberg bei Offenburg, Schluchsee (Seebrugg und Wolfsgrund), Titisee-Neustadt (Bruderhalde und Rudenberg), Todtnauberg, Triberg, VS-Villingen und Wieden am Belchen (Information:

Ein beliebtes Ausflugsziel: die Burg Hornberg

Deutsches Jugendherbergswerk, Landesverband Baden-Württemberg, Schwieberdinger Straße 62, 70435 Stuttgart, Tel. 0711/166860, Fax 0711/1668630, www.jugendherberge.de

KINDER

Auf Familien mit Kindern ist man im südlichen Schwarzwald bestens eingestellt. In kaum einer anderen deutschen Landschaft gibt es so viele **Freizeit- und Erlebnisparks** wie hier. Absoluter Höhepunkt ist ein Besuch im Europapark mit seinen tollen Attraktionen. Weitere schöne Erlebnisparks sind der Familien-Park in Villingen-Schwenningen, der Schwarzwaldpark bei Löffingen sowie der Steinwasen-Park bei Oberried. Immer stärker nachgefragt werden von Familien mit kleinen Kindern **Ferien auf dem Bauernhof** und **Reiterferien** mit Reitunterricht und begleiteten Ausritten.

Zahlreiche **Museen** bieten spezielle Programme für junge Besucher an, so auch das Freilichtmuseum Vogtsbauernhof in Gutach und das Deutsche Uhrenmuseum in Furtwangen.

Besondere Anziehungskraft auf Familien mit Kindern üben natürlich auch **Museumseisenbahnen** aus wie die "Sauschwänzlebahn" bei Blumberg und das "Chanderli" bei Kandern.

TIPP

Kinderstadtplan

Die Breisgau-Metropole Freiburg hat nicht nur ein Herz für Radler und Nutzer der Sonnenenergie, sondern vor allem auch für Kinder. Wo es interessante Plätze für sie gibt, zeigt der jüngst erschienene Kinderstadtplan, zu dem es auch ein opulentes und sehr gut gemachtes Beiheft gibt. Erhältlich ist der Plan, mit dem sich die lieben Kleinen auch allein gut zurecht finden können, bei der Tourist-Information sowie im Buchhandel.

RAD FAHREN

Die Landschaft mit Rad zu erkunden, nehmen sich immer mehr Schwarzwald-Besucher vor. Dort gibt es heute ein engmaschiges Radwegenetz. Zu schaffen macht manchem Radler allerdings die Topografie. Wer die 64 km von Freiburg zum Schluchsee hinauf radeln will, hat 900 Höhenmeter zu bewältigen. Auch auf dem **Schwarzwald-Radweg**, der von Karlsruhe kommend über die schönsten Schwarzwaldberge bis nach Lörrach führt, braucht man viel Kraft.

Angesagt ist das **Mountainbike-Fahren**. Allerdings achten Förster und Naturschützer streng darauf, dass Mountainbiker nicht abseits von Wegen fahren und fragile Pflanzenstandorte schädigen. Das Mountainbiking auf schmalen Wanderwegen ist ebenfalls untersagt. Geländeradler, die den ultimativen Kick suchen, begeben sich ans Hasenhorn bei Todtnau, wo ein **Mountainbike Fun Park** ausgewiesen ist.

Wer sich kräftemäßig schonen will, der kann als Radler interessante **Fahrrad-Transport-Angebote der Verkehrsunternehmen** wahrnehmen. In den Regionalbahnen darf man meist ohne Probleme sein Fahrrad mitnehmen. Von Mai bis Oktober verkehren an Wochenenden und Feiertagen Wanderbusse mit Anhängern für den Fahrrad-Transport, so auf den Strecken Freiburg – Furtwangen, Waldshut – Höchenschwand – St. Blasien und Schramberg – Sulgen (Informationen: SBG SüdbadenBus, Tel. 0761/368030, Fax 0761/35308, www.suedbadenbus.de).

REISEZEIT

Der südliche Schwarzwald ist ein Ganzjahres-Reiseziel. Ab April blühen in der Ortenau die Kirschen, während in den Hochlagen noch Schnee liegt. Im Sommer wird es auf den Höhen nie schwül und während im Herbst Nebelschwaden in den Tälern hängen, kann es oben schön sonnig und mild sein. Die Wintersportsaison beginnt mitunter schon im Dezember und dauert bis nicht selten bis weit in den März. Hauptreisezeit, was Rummel und Preise betrifft, ist jedoch der Sommer. Im November sind etliche touristische Einrichtungen geschlossen.

Freiburg	Tagestemp.	Nachttemp.	Tage mit Niederschlag	Sonnenstunden pro Tag
Januar	4°	– 1°	17	2
Februar	6°	0°	15	3
März	11°	3°	13	4
April	15°	6°	15	5
Mai	20°	10°	15	6
Juni	23°	13°	16	7
Juli	24°	15°	15	8
August	24°	15°	14	8
September	21°	12°	14	6
Oktober	14°	8°	15	4
November	8°	3°	17	2
Dezember	5°	0°	16	2

RESTAURANTS (AUSWAHL)

Von Varta-Experten geprüft; weitere Adressen im ›Varta-Führer‹ (im Buchhandel erhältlich).

Preise:

€€€€	Hauptspeisen	über 14
€€€	Hauptspeisen	10–14
€€	Hauptspeisen	7–10
€	Hauptspeisen	4,5– 7

Bad Krozingen-Schmidhofen: €€€€ **Storchen**, Felix-Nabor-Str. 2, 79189 Bad Krozingen-Schmidhofen, Tel. 07633/5329. Traditionsreicher Landgasthof. Ruhetage: Mo., Di.; Betriebsferien: 2 Wochen im Februar und 2 Wochen im Sommer.

Freiamt-Brettental: €€€ **Ludinmühle**, Brettental 31, 79348 Freiamt-Brettental, Tel. 07645/91190, www.ludinmuehle.de; urgemütliches Gasthaus mit lichtdurchflutetem Gartenhaus.

Freiburg im Breisgau: €€€€ **Alte Weinstube zur Traube**, Schusterstr. 17, 79098 Freiburg, Tel. 0761/32190; schönes Lokal mit guter Küche. Ruhetage Di., Mi.

€€€ **Kleiner Meyerhof**, Rathausgasse 27, 79098 Freiburg i. Br., Tel. 0761/26941, www.kleiner-meyerhof.de; Traditionshaus in der Altstadt mit badischer Küche.

Hinterzarten-Alpersbach: €€€ **Esche**, Haus Nr. 9, 79856 Hinterzarten-Alpersbach, Tel. 07652/91940, www.gasthof-esche.de; Hochschwarzwälder Landgasthof.

Höchenschwand: €€€ **Alpenblick**, St.-Georg-Str. 9, 79862 Höchenschwand, Tel. 07672/4180, www. alpenblick.de; aussichtsreich gelegenes Haus, das für seine fangfrischen Forellen bekannt ist.

Hüfingen-Mundelfingen: €€€ **Hirschen**, Wutachstr. 19, 78183 Hüfingen-Mundelfingen, Tel. 07707/99050. Landgasthof mit bester regionaler Küche und leicht mediterranem Einschlag. Ruhetage: Mi.-abends u. Do.

Lörrach-Haagen: €€ **Burgschenke Rötteln**, Tel. 07621/52141, www.burgschenke.de; beliebtes Lokal an historischem Ort mit guter Küche. Ruhetage: So., Mo.

Maulburg: €€€ **Wiesentäler Hof**, Hauptstraße 49, 79689 Maulburg, Tel. 07622/2044, www.wiesentaelerhof.de; Sehr gemütliches Restaurant mit Gartenlokal. Ruhetage: Sa. u. So.-mittag.

St. Blasien: €€ **Klostermeisterhaus**, Im Süßen Winkel 2, 79837 St. Blasien, Tel. 07672/848; gemütliches Gasthaus mit viel Holz. Ruhetag: Mo.

Staufen im Breisgau: €€€ **Kreuz-Post**, Hauptstr. 65, 79219 Staufen im Breisgau, Tel. 07633/95320, www.kreuz-post-staufen.de; typisches Markgräfler Gasthaus. Ruhetag: Mi.

Sulzburg-Laufen: €€€€ **La Vigna**, Weinstr. 7, 79295 Sulzburg-Laufen, Tel. 07634/8014; gehobene italienische Küche in sehr gepflegtem Ambiente. Ruhetage: So., Mo.

Weil am Rhein: €€€€ **Adler**, Hauptstr. 139, 79576 Weil am Rhein, Tel. 07621/98230, www.adler-weil.de; Edles Speiselokal mit kreativer Küche und gepflegtem Weinkeller.

Sport und Spiel

Aktivurlauber finden ein breit gefächertes Angebot vor, das von A wie Angeln über G wie Golf bis W wie Wandern und Wintersport reicht.

Angeln: Hobbyangler kommen im Südschwarzwald auf ihre Kosten, gibt es hier doch Bäche, Flüsse und kleinere Seen, in denen noch vielerlei Fische vorkommen, allen voran die berühmte Schwarzwald-Forelle. Angelberechtigungsscheine gibt es bei den örtlichen Bürgermeisterämtern bzw. Touristenbüros.

Golf: Auch im südlichen Schwarzwald nimmt die Zahl der Golfclubs und Golfplätze ständig zu. Besonders attraktive Anlagen gibt es in Bad Bellingen-Bambach, Kandern und Rickenbach. Einige Kurorte und Hotels warten mit günstigen Golf-Pauschalangeboten auf.

Reiten: Zahlreiche **Reiterhöfe** und **Reitvereine** bieten spezielle Programme für Touristen an.

Segeln, Surfen: Wassersport ist zwar nicht ganz das, was man im südlichen Schwarzwald sucht, aber auch hier kann man segeln und surfen, vor allem auf dem Schluchsee.

Wandern: Dass der südliche Schwarzwald ein Wanderparadies ist, weiß jeder. Oberste Instanz in Sachen Wandern ist der **Schwarzwaldverein**, der rund 23 000 Kilometer **Wanderwege** betreut und markiert.Dazu kommen noch zahlreiche Wanderwege einzelner Erholungsorte (Informationen: Schwarzwaldverein, Schlossbergring 15, 79098 Freiburg, Tel. 0761/380530, Fax 0761/3805320, www.schwarzwaldverein.de).

Wintersport: Der südliche Schwarzwald ist ein Eldorado für Skilangläufer, die hier zahlreiche **Loipen** unterschiedlichster Schwierigkeitsgrade ausprobieren können. Stark frequentiert ist die Thurnerspur bei St. Märgen. Die besten und schneesichersten **Skipisten** finden Abfahrtsläufer am Feldberg, in den Räumen Hinterzarten, Titisee-Neustadt und

Junger Uhu im Vogelpark Steinen

Lenzkirch, rund um Todtnau, im Gebiet um Menzenschwand sowie bei Schönwald und Schonach. Eine ziemlich lange Tradition hat das **Skispringen** im südlichen Schwarzwald. Nicht von ungefähr stammen von hier einige der besten Skispringer Deutschlands. Moderne Großschanzen gibt es in Hinterzarten, dem Heimatort des Olympiasiegers Georg Thoma, sowie in Titisee-Neustadt (Hochfirstschanze), Schönwald (Adlerschanze) und Schonach. Wo es so viele Loipen und Schanzen gibt, kommen natürlich Anhänger der **Nordischen Kombination** auf ihre Kosten. Außer Skilauf sind auch andere Wintersportarten wie **Rodeln** und **Eishockey** angesagt. Jeder Erholungsort im Hochschwarzwald verfügt über eine Rodelbahn, die schönste findet man am Hochfirst. Freunde des schnellen Spiels auf dem Eis zieht es zu den ›Wild Wings‹ nach Villingen-Schwenningen und zum EHC Freiburg. Todtmoos ist die erste Adresse in Sachen Schlittenhunde **Eislaufen** kann man wunderbar auf dem in jedem Winter eine längere Zeit zugefrorenen Titisee. **Eisstadien** gibt es in Villingen-Schwenningen und Freiburg.

Tierparks, Wildgehege

Im südlichen Schwarzwald gibt es zahlreiche Wildgehege und auch einige Parks mit Tieren.

Tierparks: Größere Anlagen sind der **Schwarzwald-Zoo** in Waldkirch (geöffnet: tgl. 9.00 bis 17.00 Uhr, im Sommer länger), der **Vogelpark Steinen** im Wiesental (geöffnet. Mitte März – Okt. tgl. 10.00 – 18.00 Uhr, im Sommer länger), der **Wild- und Freizeitpark Löffingen** (geöffnet: Ostern – Anfang Nov. tgl. 9.00 – 18.00 Uhr) sowie der **Steinwasen-Park** bei Oberried (geöffnet: Mai – Sept. tgl. 9.00 bis 18.00, Okt. – April tgl. 10.00 – 17.00 Uhr).

Wildgehege: Rotwild, Schwarzwild usw. sieht man u. a. in Wildgehegen bei Bad Säckingen, Häusern, Menzenschwand, Zell im Wiesental, Schonach und Wolfach-Kirnbach.

Veranstaltungen

Der Veranstaltungskalender der Städte und Gemeinden im südlichen Schwarzwald ist sehr umfangreich. Informationen findet man in Publikationen der Fremdenverkehrsbüros und in der Lokalpresse.

Sportveranstaltungen: Hochkarätige Winterveranstaltungen sind die **FIS-Weltcup-Skispringen** (Mitte Dezember) auf der Hochfirstschanze bei Titisee-Neustadt, die **Internationale Schwarzwälder Springer-Tournee** (Ende Januar) auf der Adlerschanze in Schönwald und der Hochfirstschanze bei Titisee-Neustadt, die Wettkämpfe um den **Schwarzwaldpokal** der Nordischen Kombinierer (Anfang Januar) in Schonach sowie die **Internationalen Schlittenhunderennen** (Ende Januar) rund um Todtmoos.Tausende von Besuchern wallfahren im August zum **Sommerskispringen** in Hinterzarten.Im September wrd in Donaueschingen das berühmte **CHI-Reitturnier** ausgetragen.

Sommerfeste: In der warmen Jahreszeit gibt es Feste ohne Ende, Stadtfeste, Dorffeste, Seenachtsfeste (u. a. Schluchsee, Titisee, Seepark Freiburg) und auch schon erste Weinfeste. Mancherorts wird auch die Erdbeer- und Zwetschgenernte gebührend gefeiert.

Weinfeste: Fast jeder Winzerort feiert sein Weinfest. Die schönsten finden in Durbach, Gengenbach sowie in einigen Orten am Kaiserstuhl sowie im Markgräflerland statt. Die größten Weinfeste werden in Offenburg, Freiburg und Breisach veranstaltet.

Weihnachtsmärkte: In vielen Städten und Dörfern werden in der Adventszeite Weinachts- und Christkindlemärkte abgehalten. Besonders schön sind die Märkte in Freiburg, Zell im Wiesental, Bad Dürrheim und vor allem auch in Vogtsburg-Burkheim.

TIPP

Freier Eintritt

Die Idee eines vereinten Europa ist im Oberrheinischen Museumspass bereits verwirklicht. Ein grenzübergreifendes Ticket ermöglicht freien Eintritt in mehr als 150 Museen im Dreiländereck Südbaden – Nordwestschweiz – Südliches Elsass. Nähere Informationen gibt es bei den örtlichen Touristeninformationen sowie beim Verein Oberrheinischer Museumspass, Kirschgartenstr. 7, CH-4002 Basel, Tel. 0041-(0)61-2050040 (Auskunft in Deutschland: Tel. 0761/7078382, www.museumspass.com).

Register

Fette Ziffern verweisen auf Abbildungen.

A

Achkarren 78

B

Baar **34 – 49,** 34 – 49
Bad Bellingen 93, 108
Bad Dürrheim **45,** 49, 108
Badenberg **73**
Badenweiler **82, 83,** 83, **91, 92,** 92, 108
Bad Krozingen **80/81,** 82, 108
Bad Säckingen **102/103,** 103, 107, 108, 112
Bassgeige 79
Belchen **52/53,** 55, 63
Bernau **98/99,** 105, **106,** 106
Bickensohl **78,** 78
Bischoffingen 78
Blinder See **40/41**
Blumberg 105
Bollenhut **36**
Bonndorf **98,** 105
Brandenkopf 32, **38**
Bregquelle **44/45,** 45, 48
Breisach 73, **74/75, 79,** 79
Brend 48
Brigach 45
Bürgeln (Schloss) **89,** 93
Burkheim **72, 74**

D

Dinkelberg 107
Donaueschingen **44, 45,** 45, 49
Donauquelle **44,** 45, 49
Durbach **18/19, 20, 21, 31,** 31

E

Eichgasse (Kaiserstuhl) **72**
Elztal 61
Endingen 79
Erdmannshöhle 107
Erzkasten **71**
Europapark **27,** 27, **28, 29,** 29, **33**

F

Feldberg **50/51,** 53, 62, 112
Föhrental **59**
Freiburg i. Br. **64 – 79,** 64 – 79, 108
Furtwangen 41, 48

G

Gauchachschlucht 105
Gengenbach **14/15, 24, 25,** 25, 31, 108
Glottertal **58, 59,** 59, 61
Grafenhausen **98,** 105
Gutach (Schwarzwaldbahn) 46

H

Hasenhorn 63
Haslach im Kinzigtal 47
Hausach 47
Heiligenbrunnen **52**
Heitersheim **85,** 91
Herzogenhorn 55
Hexenlochmühle **37**
Hinterzarten **55,** 62, 112
Hochfirst **50/51,** 62
Hochrhein **94, 102, 103,** 106, 107
Hochschwarzwald **50 – 63,** 50 – 63
Hornberg **41,** 41, 47, **111**
Hotzenwald **94/95,** 95, **98/99,** 99, **100, 101,** 101, 106
Hüfingen **44,** 49

K

Kaiserstuhl **72 – 79,** 72 – 79
Kandel 61
Kandern 92
Kinzig **34 – 49,** 34 – 49
Klausenhof **107,** 107
Knöpfleshof **53**
Königschaffhausen 79
Kuckucksuhr **40,** 43

L

Lahr 33, 108
Laufenburg **102/103,** 107
Lautenbach **22, 23,** 23
Lenzkirch **10/11**
Lörrach 87, **88, 89,** 89, 93
Lotenbachklamm **97,** 97, 105

M

Magdalenenberg 49
Markgräflerland **80 – 93,** 80 – 93
Menzenschwand 105, 112
Möhlintal **71**
Mondhalde **72/73,** 79
Mooswaldkopf 48
Münstertal **54/55,** 63, 108
Munzingen 79

N

Neckarquelle **42/43,** 49
Niederrotweil 78
Nonnenmattweiher 63

O

Oberbergen 79
Oberkirch **21, 23,** 21, 23, 31
Oberried **70**
Oberwolfach 47
Ohmenkapelle 61
Offenburg **24, 25,** 25, 31
Ortenau **18 – 33,** 18 – 33

R

Rankenmühle **2,** 61
Rappenecker Hof **70,** 71
Reinertonishof **48,** 48
Rickenbach **107,** 107
Rötenbachschlucht 105
Rötteln (Burgruine) 87, **89,** 93
Rothaus **105**
Rottweil **34/35, 42, 43,** 108
Rust **27,** 27, **28, 29,** 29, **33,** 33

S

Sauschwänzlebahn **96,** 97, 105
Schauinsland **70, 71,** 71, **78,** 78
Schiltach **39,** 39, **47,** 47
Schluchsee **54,** 55, 62, 63, 108
Schlüchtsee 105
Schniederlihof 78
Schonach 48, 112
Schönwald 48, 112
Schramberg 47
Schwarzwaldbahn 48
Schwarzwaldklinik **59,** 59
Seebuck 53, **63**
Siedelbachtal **12/13**
Simonswäldertal 61
Staufen i. Br. **86, 87,** 87, **91,** 91
Staufenberg **20/21,** 32
St. Blasien 57, 99, **100,** 105
St. Märgen **5, 16/17, 56/57,** 57, 58, 61, **62,** 112
St. Peter **4, 56/57,** 57, 61
St. Trudpert **54/55,** 57, 63
St. Ulrich **71**
Suggental 108
Sulzburg **84,** 85, 92

T

Taubergießen **28, 29,** 29, **32/33,** 33
Teufelsküche **8/9, 102**
Tiengen 107
Titisee **50/51,** 54, **62,** 62
Titisee-Neustadt 62, 112
Todtmoos **100/101,** 101, 108, 112
Todtnau **52,** 63, 106
Todtnauberg 63
Triberg 39, **40,** 41, 48
Tuniberg **6/7, 72,** 79

V

Villingen-Schwenningen **42/43,** 42, 49, 112
Vitra Design **88, 93,** 93
Vöhrenbach **108**
Vogelpark Steinen 93, **112,** 112
Vogtsbauernhof **36, 37,** 37
Vogtsburg **78,** 78

W

Waldkirch 61, 112
Waldshut-Tiengen **102**
Weil am Rhein 88, 108
Wiesental 53
Wildgutach 61
Windgfällweiher 63
Wolfach **38,** 39, 47
Wutach **96, 97,** 97, **105**

Z

Zell am Harmersbach **26, 27,** 27, 32
Zweribachfälle 61

Impressum

Verlag: HB Verlag, Marco-Polo-Zentrum, 73760 Ostfildern, Postfach 3151, 73751 Ostfildern, Tel. 0711/4502-0, Fax 0711/4502-135, www.hb-verlag.de, hb@mairs.de
Geschäftsführer: Dr. Thomas Brinkmann, Dr. Stephanie Mair-Huydts

© HB Verlag 2003, für den gesamten Inhalt, soweit nicht anders angegeben

Chefredaktion und Programmleitung: Rainer Eisenschmid, Birgit Borowski
Redaktion: Helmut Linde
Text: Dina Stahn, Starzach
Exklusiv-Fotografie: Rainer Fieselmann, Eningen (Titelbild: Hof bei Titisee-Neustadt)
Grafische Konzeption und Layout: CYCLUS · Visuelle Kommunikation, Stuttgart
Kartografie: © Mairs Geographischer Verlag, Ostfildern
HB Bildatlas Fotoservice: HB Verlag, Marco-Polo-Zentrum, 73760 Ostfildern, Tel. 0711/4502-266, Fax 0711/4502-1006, nebel@mairs.de

Für die Richtigkeit der in diesem HB Bildatlas angegebenen Daten – Adressen, Öffnungszeiten, Telefonnummern usw. – kann der Verlag keine Garantie übernehmen. Nachdruck, auch auszugsweise, nur mit vorheriger Genehmigung des Verlages. Erscheinungsweise: monatlich.

Anzeigenalleinverkauf: KV Kommunalverlag GmbH & Co. KG, Postfach 810565, 81905 München, Tel. 089/928096-34 oder -42, Fax 089/928096-38
Vertrieb Zeitschriftenhandel: Partner Pressevertrieb GmbH, Postfach 810420, 70521 Stuttgart, Tel. 0711/7252-227, Fax 0711/7252-310
Vertrieb Abonnement: Zenit Pressevertrieb GmbH, Postfach 810640, 70523 Stuttgart, Tel. 0711/7252-265, Fax 0711/7252-333, hbverlag@zenit-presse.de
Vertrieb Buchhandel und Einzelhefte: Mairs Geographischer Verlag, Marco-Polo-Zentrum, 73760 Ostfildern, Tel. 0711/4502-0, Fax 0711/4502-340
Reproduktionen: Otterbach Digital World KG GmbH & Co., Rastatt
Druck und buchbinderische Verarbeitung: Echter Druck GmbH, Würzburg. Printed in Germany

ISBN 3-616-06151-2

Zeichenerklärung

Autoatlas

Autobahn mit Anschlussstelle -, Bedarfsumleitung — Freiburg-Mitte, 62, 65
Rasthaus mit Übernachtung - Raststätte - Kleinraststätte - Tankstelle - Autohof - Parkplatz mit WC - Parkplatz ohne WC — „Schauinsland“, P
Autobahn in Bau mit Fertigstellungsdatum — 2003
Autobahnähnliche Schnellstraße
Fernverkehrsstraße - Wichtige Hauptstraße
Hauptstraße - Nebenstraße
Fahrweg - Fußweg
Straßentunnel - Brücke - in Planung
Entfernungen an Autobahnen in km, Entfernungen an Straßen in km — 2, 7, 5, 2, 5, 3
Touristenstraße — Badische Weinstraße
Landschaftlich schöne Strecke
Straße für Kfz gesperrt
Europa-, Autobahn-, Straßennummern — E35, 5, 3
Fernwanderweg - Wanderweg — E6
Eisenbahn mehrgleisig - eingleisig
Museumseisenbahn
Kultur - Malerisches Ortsbild — WOLFACH
Kultur - Eine Reise wert — ROTTWEIL
Kultur - Lohnt einen Umweg — Münstertal
Kultur - Sehenswert — Röm. Badruine
Landschaft - Eine Reise wert — Feldberg
Landschaft - Lohnt einen Umweg — Schauinsland
Landschaft - Sehenswert — Dinkelberg
Info - Hinweis — 5
Schöne Aussicht
Campingplatz - Jugendherberge - Golfpl.
Sportboothafen - Stadion
Heilbad - Schwimm-,Strand-,Erlebnisbad
Bedeutendes Bauwerk - Bedeutendes Areal
Kirche - Kapelle
Kloster - Klosterruine
Schloss, Burg - Schloss-, Burgruine
Wassermühle - Denkmal - Wasserfall
Funk-, Fernsehturm - Turm - Sprungschanze
Soldatenfriedhof - Bergwerk - Höhle
Einzeln stehendes Hotel, Gasthaus, Bergh.
Ausgrabungs-, Ruinenstätte
Verkehrsflughafen-Flugplatz-Segelflugplatz
Naturpark - Naturschutzgebiet
Sperrgebiet
Landesgrenze
Staatsgrenze
Grenzkontrollstelle international

Cityplan

Hauptstraße - Sonstige Straßen
Einbahnstraße - Fußgängerzone
Bahnhof
Straßenbahn - Buslinie mit Endstelle — 15, 13
Parkplatz - Parkhaus - Feuerwehr — P, P, F
Polizei - Krankenhaus - Denkmal
Turm - Kirche - Post
Info - Hinweis — 5

Ein Pragbesuch ist wie eine Zeitreise: aus einer mittelalterlichen Altstadtgasse in ein jüdisches Viertel, vorbei an den Prachtpalästen der Kleinseite und hinauf zur mächtigen Burg, um schließlich in einem der hypermodernen Cafés an der Pariser Straße zu enden.

Die Mosel lässt an Weinhänge in Steillagen denken und an Burgen und Ruinen, die sich wie Perlen aneinander reihen und längst vergangene Zeiten aufleben lassen. Hier kommen Naturfreunde, Weinliebhaber und Geschichtsinteressierte gleichermaßen auf ihre Kosten.

Seen wie Meere, mächtige Wälder, die buckligen Felsen der Schärenküsten und die mediterran wirkenden Inseln – das ist der Süden Schwedens. Dazu noch die urbanen Höhepunkte Stockholm und Göteborg, die die Kultur und Wirtschaft des Landes spiegeln.

Lieferbare Ausgaben

HB Bildatlas

DEUTSCHLAND

227 Allgäu
198 Altmühltal
204 Bayerischer Wald
235 Berlin
235 Berlin (englische Ausgabe)
185 Bodensee
111 Brandenburg
178 Chiemgau · Berchtesgadener Land
145 Dresden · Sächsische Schweiz
121 Eifel · Aachen
133 Elbe und Weser
163 Erfurt · Weimar · Nördliches Thüringen
171 Erzgebirge · Vogtland · Chemnitz
190 Fichtelgebirge · Frankenwald · Coburger Land
242 Frankfurt · Taunus · Rheingau
125 Fränkische Schweiz
131 Hamburg
131 Hamburg (engl. Ausgabe)
73 Hannover · Braunschweiger Land
129 Harz
188 Hessisches Bergland
46 Hohenloher Land
234 Hunsrück · Naheland · Rheinhessen
233 Leipzig · Halle · Magdeburg
209 Lüneburger Heide
137 Mainfranken
179 Mecklenburgische Seen
240 Mecklenburg-Vorpommern
151 Mittelfranken
249 Mosel
165 München
119 Münsterland · Münster
153 Nördlicher Schwarzwald
159 Nordseeküste Schleswig-Holstein
196 Oberbayern zwischen Lech und Inn
143 Odenwald · Kraichgau · Bergstraße
219 Osnabrücker Land · Emsland · Oldenburger Münsterland · Grafschaft Bentheim
155 Ostbayern zwischen Donau und Inn
211 Ostfriesland · Oldenburger Land
168 Ostseeküste Mecklenburg-Vorpommern
157 Ostseeküste Schleswig-Holstein
215 Pfalz
194 Potsdam · Havelland
149 Rhein und Ruhr
243 Rhein zwischen Köln und Mainz
127 Rhön
208 Rügen · Usedom · Hiddensee
161 Saarland
78 Sachsen
114 Sachsen-Anhalt
200 Schwäbische Alb
147 Spessart
214 Spreewald · Lausitz · Märkisch-Oderland
247 Südlicher Schwarzwald
224 Sylt · Amrum · Föhr
182 Tauber und Neckar · Stuttgart · Heilbronn · Rothenburg
173 Teutoburger Wald · Ostwestfalen
94 Thüringen
141 Thüringer Wald
202 Trier
237 Weserbergland

BENELUX

246 Amsterdam
187 Flandern · Brüssel
146 Holland: Inseln · Küste
62 Luxemburg

FRANKREICH

160 Atlantikküste
122 Bretagne
217 Burgund
225 Côte d'Azur · Monaco
222 Elsass
221 Korsika
132 Normandie
229 Paris
192 Provence
184 Südfrankreich · Languedoc-Roussillon

GRIECHENLAND

193 Athen · Peloponnes
140 Griechische Inseln: Kykladen
189 Korfu · Ionische Inseln
228 Kreta
104 Rhodos · Dodekanes
166 Zypern

GROSSBRITANNIEN · IRLAND

158 Irland
197 Kanalinseln
175 London
231 Nordengland
144 Schottland
241 Südengland
216 Wales

ITALIEN · MALTA · KROATIEN

195 Adriaküste · Emilia-Romagna
239 Gardasee · Trentino
156 Golf von Neapel · Kampanien
74 Italienische Riviera · Genua
238 Kroatische Adriaküste
128 Malta
210 Mittelitalien: Marken · Umbrien · Abruzzen
142 Oberitalienische Seen · Lombardei · Mailand
230 Piemont · Aostatal
226 Rom
136 Sardinien
232 Sizilien
201 Süditalien: Apulien · Basilikata
207 Südtirol
167 Toskana · Florenz
181 Venedig · Venetien · Friaul · Triest

MITTEL- UND OSTEUROPA

164 Böhmen
138 Budapest
148 Danzig · Ostsee · Masuren
248 Prag
152 St. Petersburg
244 Südpolen

ÖSTERREICH

162 Burgenland
170 Kärnten
199 Niederösterreich · Wachau
218 Oberösterreich
220 Salzburger Land · Salzkammergut · Salzburg
66 Steiermark · Graz
174 Tirol
47 Vorarlberg
206 Wien

SCHWEIZ

154 Basel · Bern · Aargau · Solothurn
172 Tessin
191 Westschweiz
72 Zentral- und Ostschweiz

SPANIEN · PORTUGAL

236 Algarve · Lissabon
223 Andalusien
150 Costa Blanca
109 Costa Brava · Katalonien
176 Gran Canaria · Fuerteventura · Lanzarote
213 Ibiza · Formentera · Menorca
245 Lanzarote
134 Madrid
212 Mallorca
203 Nordportugal
205 Nordspanien
177 Teneriffa · La Palma · Gomera · Hierro

SKANDINAVIEN

183 Bornholm
186 Jütland
180 Nordnorwegen
169 Südfinnland · Helsinki
106 Südnorwegen
250 Südschweden · Stockholm

HB Bildatlas Euro-Special

13 Belgien
6 Dänemark
15 Deutschland
15 Deutschland (englische Ausgabe)
8 England · Wales
17 Finnland
1 Frankreich
7 Griechenland
2 Italien
10 Niederlande
11 Norwegen
5 Österreich
14 Polen
9 Portugal
12 Schweden
4 Schweiz
3 Spanien
16 Tschechien
18 Ungarn

HB Bildatlas Special

AFRIKA · NAHER OSTEN

67 Ägypten
64 Arabien: V. A. Emirate · Oman · Kuwait · Qatar · Bahrain
52 Indischer Ozean: Madagaskar · Mauritius · La Réunion · Seychellen · Komoren
17 Israel
47 Jemen
29 Jordanien
15 Kenia
72 Marokko
61 Namibia
22 Südafrika · Namibia
41 Syrien
71 Tunesien · Libyen
6 Türkei: Ägäisküste · Istanbul
1 Türkei: Südküste

AUSTRALIEN · OZEANIEN

45 Australien: Melbourne · Tasmanien · Westen
27 Australien: Ostküste
18 Neuseeland
38 Südsee

EUROPA

7 Island
54 Madeira · Azoren · Kapverden

SÜD- UND SÜDOSTASIEN · FERNER OSTEN

12 Bali · Lombok · Java
25 Himalaya
10 Hongkong
53 Indien: Rajasthan · Delhi · Agra
39 Indien: Südindien
23 Japan
43 Peking
69 Philippinen
19 Singapur · Malaysia
34 Sri Lanka und Malediven
49 Südkorea
70 Thailand
36 Vietnam

SÜD- UND MITTELAMERIKA · KARIBIK

44 Argentinien
30 Brasilien: Rio und die Küste · Minas Gerais
57 Chile
55 Dominikanische Republik · Haiti
63 Ecuador und Galápagos-Inseln
60 Jamaika
9 Karibik
65 Kleine Antillen: Antigua · Guadeloupe · Martinique · Barbados u. a.
33 Kuba
73 Mexiko
40 Mittelamerika: Guatemala · El Salvador · Honduras · Belize
51 Peru
28 Venezuela

USA · KANADA

58 Alaska
48 Chicago und die Großen Seen
62 Florida
24 Hawaii
2 Kalifornien
32 Kanadas Osten · Québec · Ontario
13 Kanadas Westen
68 Las Vegas · Grand Canyon
31 Nationalparks
46 Neuengland · Boston
20 New Orleans und die Südstaaten
5 New York
35 Nordkalifornien · San Francisco
56 Nordwesten: Washington · Oregon
50 Rocky Mountains
66 Route 66
42 Südkalifornien · Los Angeles
37 Südstaaten · Washington D. C.
26 Südwesten: Nevada · Utah · Arizona · New Mexico
59 Texas

Überall im Pressefachhandel, Buchhandel und Bahnhofsbuchhandel erhältlich oder zu bestellen unter
Telefon 0711/4502-0,
Fax 0711/4502-340
PRESSE
PRESSE & BUCH IM BAHNHOF

Ferienregion Südschwarzwald

Entdecken Sie Puppenhäuser, Kaufmannsläden und Puppen aus vergangenen Jahrhunderten sowie massstabgetreue Miniaturen aus der heutigen Zeit. Besuchen Sie die bedeutendste Teddybärensammlung der Welt.

Puppenhausmuseum Basel

Öffnungszeiten:

CAFE:
täglich von 10 – 18 Uhr,
donnerstags bis 21 Uhr

MUSEUM/SHOP:
täglich von 11 – 17 Uhr,
donnerstags bis 20 Uhr
Das Gebäude ist rollstuhlgängig.

Steinenvorstadt 1
CH-4051 Basel
Tel. +41 (0)61 225 95 95
Fax +41 (0)61 225 95 96
www.puppenhausmuseum.ch

Stühlingen
Luftkurort
Info: Verkehrsamt Stühlingen
Schlossstraße 9, 79780 Stühlingen
Tel.: 0 77 44 / 5 32-34, FAX: 5 32-22
http://www.stuehlingen.de/tourismus.html
e-Mail:verkehrsamt@stuehlingen.de

Offenburg online
Tourist-Information
www.offenburg.de
Stadt Offenburg · Fischmarkt 2, 77652 Offenburg
Tel. 0781 / 82-2000 · Fax 0781 / 82-7251

Ühlingen Birkendorf
Naturerlebnis im Südschwarzwald

Fordern Sie unsere Prospekte und Pauschalangebote an:

Tourist-Information
79777 Ühlingen-Birkendorf

Schwarzwaldstrasse 44
Telefon (0 77 43) 3 80
Telefax (0 77 43) 12 77
Internet: http://www.uehlingen-birkendorf.de
E-Mail: tourist-information@uehlingen-birkendorf.de

Bonndorf im Südschwarzwald

- idealer Einstiegs-Ort in das **Naturschutzgebiet Wutachschlucht**
- Schloss mit seinen „Schloss-Narrenstuben“
- Japanischer Garten
- bekannt preisgünstig und gute Gastronomie
- ganzjährig preisgünstige Pauschalangebote

i Touristinformation
Schlossstraße 1
79848 Bonndorf
Tel. 07703/7607 · Fax 07703/7507
www.bonndorf.de/touristinfo
touristinfo@bonndorf.de

Lörrach – eine gute Idee

Wer hoch hinaus will…

Lörrach, die Hauptstadt des Markgräflerlandes, bietet nicht nur Ausflugsziele in den Schwarzwald oder die angrenzenden Länder – sondern lädt mit pittoresken Märkten, schönem Stadtkern und dem vielfältigen Kulturleben zum Verweilen und Genießen ein. Das abwechslungsreiche, schillernde kulturelle Leben zieht Besucher aus nah und fern an.

Informationen und Buchung:
Touristinformation im Burghof
Herrenstraße 5, D-79539 Lörrach
Tel. +49 (0) 76 21-9 40 89-13
ticket@burghof.com, www.loerrach.de

Lörrach

Stadt Hüfingen
Geschichte
Ökologie
Kunst

Natur genießen……
beim Wandern durch die Wutachschlucht oder im Orchideenwald
Aktiv sein……
im Aquari – dem modernen Freizeitbad mit Sauna, beim Surfen auf dem Riedsee oder beim Drachenfliegen auf dem Fürstenberg
Kultur erleben……
auf den Spuren der Römer in der römischen Badruine oder auf dem internationalen Töpfermarkt (September) in der historischen Altstadt

Info:
Stadtverwaltung Hüfingen - Informations- und Kulturamt
Hauptstraße 16-18, 78183 Hüfingen, Tel. 07 71 / 60 09-24, Fax 07 71 / 60 09-22,
Mail: infoamt@huefingen.de • www.huefingen.de

Blumberg
Raus aus dem Alltag • Rein ins FERIENLAND

Urlaub und Dampfeisenbahn-Romantik in Blumberg

Touristinfo 78176 Blumberg
Tel. 07702 - 51 203, Fax 07702 - 51 222
E-Mail: Touristinfo@stadt-blumberg.de

Sauschwänzle bahn

Ferienregion Südschwarzwald

DONAU ESCHINGEN am Ursprung der Donau

- Fürstlich Fürstenbergisches Schloss
- Fürstlich Fürstenbergische Sammlung mit Kunstgalerie (Pisces Collection)

- Beginn des Donau-Radweges bis Passau
- Donaueschinger Musiktage (Okt.)
- Internationales Reitturnier

Info: Tourismus- und Sportamt
Karlstr. 58, 78166 Donaueschingen
Tel.: 07 71 / 85 72 21, Fax: 07 71 / 85 72 28
Internet: http://www.donaueschingen.de
e-mail: tourist.info@donaueschingen.de

STADT Bräunlingen

Der nette Erholungsort am südlichen Schwarzwald im Quellgebiet der Donau. 700 m – 1000 m, gesundes Reizklima, bequemes Wandernetz, Radwandern, Angeln, Surfen, Tennis, Ferien auf dem Bauernhof, Camping u.v.m. Gepflegte Gastronomie, nette Leute.
Tourist-Information
Postfach 1261 • 78196 Bräunlingen
☎ 0771/61900 • Fax 603169
www.braeunlingen.de

ich will auf's Land!

Die Vielfalt der Charaktere finden Sie bei uns!

Historische Altstadt, Burgruine, Kulturwochen...

Staufen
Tel. 07633/80536
Fax 07633/50593
internet: www.stadt-staufen.de

Naturschutzgebiet Belchen, barocke Klosteranlage...

Münstertal
Tel. 07636/707-30
Fax 07636/707-48
internet: www.muenstertal.de

ottonische Kirche, Landesbergbau-museum, ehem. Synagoge...

Sulzburg
Tel. 07634/5600-40
Fax 07634/5600-34
internet: www.sulzburg.de

Ausgrabungen Villa Urbana, Maltesermuseum...

Heitersheim
Tel. 07634/402-12
Fax 07634/402-34
internet: www.heitersheim.de

Wir helfen Ihnen gerne weiter - Anruf genügt!

Land in Sicht · münstertal · Staufen · sulzburg laufen • st. ilgen · Heitersheim

Waldshut Tiengen

Stadtführungen · Museen · Rheinrundfahrten

Heimatfeste:
"Schwyzertag" in Tiengen (1. Wochenende im Juli)
"Waldshuter Chilbi" (3. Wochenende im August)

Auskünfte und Prospekte:
Tourist-Information, Wallstr. 26, 79761 Waldshut-Tiengen
Telefon (07751) 833-199, Telefax (07751) 833-126
tourist-info@waldshut-tiengen.de, www.waldshut-tiengen.de

stadt erleben
zwischen schwarzwald + schweiz

LANDGASTHAUS ZUR LINDE

Schwarzwälder Gastlichkeit im oberen Münstertal

Ein paar Tage ausspannen im idyllischen und ruhigen Münstertal. Bei uns wohnen Sie in komfortablen Zimmern und nichts geht über ein gutes Essen und ein Gläschen badischen Wein in unseren urgemütlichen Gaststuben oder auf der Sommerbachterrasse.

Krumlinden 13 • 79244 Münstertal
Tel. 07636/447 • Fax 07636/1632
kontakt@landgasthaus.de • www.landgasthaus.de

Tourist Info:
Rathausweg 12
79286 Glottertal
Tel.: 07684 / 9104-0
Fax: 07684/9104-13
www.glottertal.de

Glottertal – Erholungs- und Weinort im Südschwarzwald

Romantischer Wein- und Erholungsort Heimat der Schwarzwaldklinik

- Erleben Sie Ferien in einem der schönsten und fruchtbarsten Täler des Südschwarzwaldes
- weit bekannte Gastronomie von der urigen Vesperstube bis zum Gourmetlokal
- Weine aus Lagen „Roter Bur“ und „Eichberg“
- ideales Wandergebiet, schönes Freischwimmbad

Freiamt

Erholungsort im Naturpark Südschwarzwald

Nähe EUROPA-PARK - Wandern in weiträumiger Erholungslandschaft, Ferien auf dem Bauernhof, Fewo ab 22 Euro, ÜF ab 13 Euro. Hotel, Gasthöfe, Pensionen, Kurhaus mit Hallenbad/Sauna, Kunstausstellungen, blühender Kurgarten, freitags Bauernmarkt, Heimatmuseum, Gästerundfahrt, Freizeitspaß, Geselligkeit, Kinderprogramme, Tagungsorganisation

Verkehrsbüro, Postfach 35, 79348 Freiamt,
Telefon 07645 / 91 03-0, Fax 07645 / 91 03 99,
e-mail: info@freiamt.de **www.freiamt.de**

TODTMOOS
...typisch Schwarzwald

- Heilklimatischer Kurort (insbesondere Atemwegs- und Herz-Kreislauf-Erkrankungen)
- Wander- und Skiparadies (760–1263 m) • Familienferien
- Gruppenangebote (Schwarzwälder Schinkenseminar, Kirschtortenkurse, Hochseilgarten etc.)
- Barocke Wallfahrtskirche, Museum, Besucherbergwerk, Schwimmbad, Tanzlokal, Internationale Schwarzwaldjugendspiele uvm.

Der besondere Tipp:
Internationale Schlittenhundrennen 07.–16.02.2003 (WM), 23.–25.01.2004, 28.–30.01.2005 (Neu: Huskykurse)

Info- und Buchungszentrum:
Kurverwaltung/Tourist-Information
79682 Todtmoos/Schwarzwald, Tel. 0 76 74 / 90 60-0, Fax 90 60-25
http://www.todtmoos.de, E-mail: info@todtmoos.net

Bernau IM SCHWARZWALD
Hochtal 900 bis 1415 m

- **Natur erleben**
- **Gastlichkeit genießen**
- **Kunst & Kultur begegnen**
- **Schönstes Hochtal im Naturpark Südschwarzwald**
- **Goldmedaille „Unser Dorf soll schöner werden“**
- **Geburtsort des großen dtsch. Malers Hans Thoma**

Tourist Information: 79872 Bernau im Schwarzwald · Rathausstraße 18
Telefon 0 76 75 / 16 00 30 · **www.bernau-im-schwarzwald.de** · tourist-information@bernau-schwarzwald.de

Hans-Thoma-Museum, Ortsteil Innerlehen
Gemälde, Grafiken, Majolika, kunstgewerbliche Arbeiten und Lebensdokumente von Hans Thoma
Präsentation der Hans-Thoma-Preisträger
Wechselausstellungen zeitgenössischer Kunst
Öffnungszeiten:
Dienstag bis Freitag: 10-12 u. 14-17 Uhr
Sa., So. u. Feiertag: 10.30-12 u. 14-17 Uhr
montags geschlossen

Resenhof
Holzschnefler- und Bauernmuseum,
Ortsteil Oberlehen
Hochschwarzwälder Eindachhof
Öffnungszeiten:
01.05.-30.06.: Di.-So. 14-17 Uhr, Mo. geschl.
01.06.-31.08.: Di.-Sa. 10-12 + 14-17 Uhr
So. 14-17 Uhr, Mo. geschl.
01.09.-31.10.: Di.-So. 14-17 Uhr, Mo. geschl.
01.11.-30.04.: Mi. und So. 14-16 Uhr

Info Bernauer Museen: Telefon 0 76 75 / 16 00 40 · hans-thoma-museum@bernau-schwarzwald.de

Ferienregion Südschwarzwald

Unser Angebot

die vier Schönen im

Schwarzwald

»Berge & Seen«

Landschaft •
Biking, Wandern, Ski fahren •
Feste am Strand •
Kuckucksuhren •
Bauernhöfe •
typisch:
Schwarzwälder Kirschtorte •

Wälder, Strände, Heilklima, großes Programm

Schwarzwald-Zauber vom Feinsten

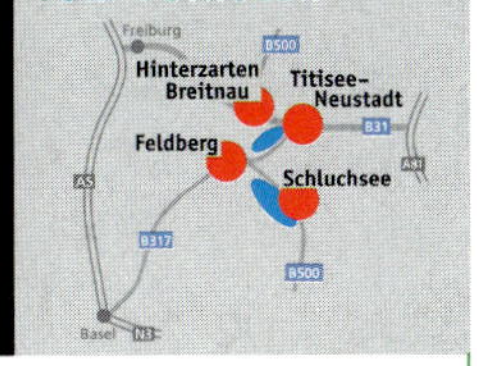

D-79868 **Feldberg**
Tel. ++49 / 76 55 / 80 19
Fax ++49 / 76 55 / 8 01 43
tourist-info@feldberg-schwarzwald.de

D-79856 **Hinterzarten Breitnau**
Tel. ++49 / 76 52 / 12 06 - 0
Fax ++49 / 76 52 / 12 06 - 49
tourismus@hinterzarten.de

D-79859 **Schluchsee**
Tel. ++49 / 76 56 / 77 32
Fax ++49 / 76 56 / 77 59
info@schluchsee.de

D-79815 **Titisee-Neustadt**
Tel. ++49 / 76 51 / 98 04 - 0
Fax ++49 / 76 51 / 98 04 - 40
touristinfo@titisee.de

www.hochschwarzwald.de

Staatlich anerkannter Luftkurort

KIRCHZARTEN

350 – 900 m.ü.M.

Mehrfach ausgezeichneter Campingplatz

AKTIVITÄTEN

Durch den Schwarzwald wandern, radfahren oder mountainbiken?
Im Dreisamtal findet jeder, was das Herz begehrt!
Auf dem mehrfach ausgezeichneten Campingplatz können Sie unbeschwerte Tage genießen.
Geführte Wanderungen, Rad- und Mountainbiketouren, Inline-Skate-Kurse, Reiten, Tennis, Golf oder Schwimmen in unserem beheizten Freischwimmbad.

Infos:
TOURIST-INFO KIRCHZARTEN
Tel.: 0 76 61 / 39 39
Fax: 0 76 61 / 3 93-45,
mail: tourist-info@dreisamtal.de

CAMPING KIRCHZARTEN
Tel.: 0 76 61 / 39 3 75
Fax: 0 76 61 / 6 16 24
mail: camping@kirchzarten.de

Lenzkirch

Wandern und erholen im Herzen des Hochschwarzwaldes, zwischen Titisee, Feldberg, Schluchsee und wildromantischer Wutachschlucht.

Hochfirst (1192 m) mit Aussichtsturm
Haslach- u. Wutachschlucht

Kur & Touristik Lenzkirch
Am Kurpark 2 · 79853 Lenzkirch
Tel. 0 76 53/6 84 39 · Fax 0 76 53/6 84 20
info@lenzkirch.de · www.lenzkirch.de

Wald · Wandern · Wein
Ferienort Sexau
Südlicher Schwarzwald

Emmendingen & Sexau

Erholsamer Urlaub in einer der schönsten Regionen Europas. Die Breisgauer Rebhänge, der nahe Kaiserstuhl u. die waldreichen Täler des Schwarzwaldes bieten ideale Voraussetzungen zum Wandern, Radfahren und Inline-Skaten. Spannendes kulturelles Angebot: 5 Museen, Galerien und Ausstellungen; Konzert- und Veranstaltungsreihen. Europapark Rust (17 km).

Tourist-Information · Bahnhofstr. 5
79312 Emmendingen
Tel.: 07641/19433 · Fax: 07641/935235
www.emmendingen.de

Info Sexau · Dorfstr. 61 · 79350 Sexau
Tel. 07641/9268-18 · Fax 07641/9268-68
www.sexau.de

Hotel
Schwarzwald Gasthof
★★★★

Josen

79822 Titisee-Neustadt, Jostalstraße 90
Tel. 0 76 51 / 9 18 10-0, Fax 0 76 51 / 9 18 10-44
www.josen.de, e-mail: info@josen.de

Erholen, geniessen, aktiv sein
in herrlicher Schwarzwaldlandschaft und in unserem gemütlichen First-Class-Hotel. De-Luxe-Zimmer, Junior-Suiten mit allem Komfort, Hallenbad, Sauna, Solarium. Ausgezeichnete Küche, exzellenter Weinkeller, auch für den verwöhnten Feinschmecker. Fleisch vom eigenen Ökobauernhof. Im idyllischen Jostal gelegen, 8 km vom Titisee entfernt, ideal zum Wandern, Skilaufen, Mountainbiken usw. Professionelle Tagungsräume, Incentives, Teamtraining.

Badenweiler

Erholen, Entspannen, Geniessen!

Über 40 Arrangements!

- Wellness & Beauty
- Gesundheit & Vitalität
- Sport & Freizeit
- Kultur & Events u.v.m.

www.badenweiler.de

BADENWEILER
AQUAE VILLAE

Infos + Prospekte:
Tourist-Information, Ernst-Eisenlohr-Strasse 4, 79410 Badenweiler, Tel. 7632/799-310 od. -320

Ferienregion Südschwarzwald

Erholung und Genuss am Kaiserstuhl

Kaiserstuhl-Tuniberg
Die Sonnenterrasse

Bahlingen am Kaiserstuhl
Tradition und Fortschritt
Der Silberburg rundherum symbadisch
Edler Wein und badische Küche - Historische Mauern und moderne Skulpturen
Sportliche Freizeitaktivitäten und Badeseen. **Direkt von der Autobahn A5 und von Freiburg aus in nur 30 Minuten mit der Breisgau-S-Bahn zu erreichen!**
Tourist-Information, Webergäßle 2, 79353 Bahlingen a.K.
Tel. 0 76 63 / 93 31 12, Fax 93 31 30, www.bahlingen.de

breisach Brücke zu Europa

- Bauwerke mit Geschichte
- Einzigartiger Ausblick
- Badische Genüsse aus Küche & Keller
- Erlebnisse für jeden Geschmack
- Ein Paradies zum Radwandern
- Grenzenlose Ausflugsziele

Breisach-Touristik
Marktplatz 16
79206 Breisach/Rhein
Tel. (0 76 67) 94 01 55
Fax (0 76 67) 94 01 58
www.breisach.de
breisach-touristik@breisach.de

Endingen
GASTFREUNDSCHAFT AM KAISERSTUHL
mit den Winzerdörfern Amoltern, Kiechlinsbergen und Königschaffhausen

- Historische Altstadt • Vorderösterreich-Museum, Käserei-Museum, Heimatmuseum
- Kreative Gastronomie, Spitzenweine, Feste
- Wandern, Radwandern, Sport etc.

Info: Kaiserstühler Verkehrsbüro
Adelshof 20 - 79346 Endingen
Tel. 0 76 42 / 68 99 90 - Fax 0 76 42 / 68 99 99
E-Mail: info@endingen.de - www.endingen.de

IHRINGEN AM KAISERSTUHL

Herzlich willkommen in Ihringen, der Heimat des Weines. "Schauen Sie dem Winzer über die Schulter...", genießen Sie unser vielfältiges Angebot und lassen Sie sich bei uns am Kaiserstuhl von der Sonne verwöhnen.
Informationen: Tourist-Information Ihringen, Bachenstr. 38, 79241 Ihringen, Telefon (0 76 68) 93 43, Fax 71 08 51, www.ihringen.de, gemeinde@ihringen.de

Sasbach am Kaiserstuhl
Weinort mit 3 Ortsteilen, Rheinübergang zum Elsaß, Wiss. Lehrpfad, Wein- u. Sektproben, Wander- u. Radwege, gepflegte Gastronomie

Tourist-Info - 79361 Sasbach a.K.
Hauptstraße 15 - Tel: 0 76 42 - 9 10 10 - Fax: 91 01 30
rathaus@sasbach-am-kaiserstuhl.de
http://www.sasbach-am-kaiserstuhl.de

VOGTSBURG IM KAISERSTUHL
Erleben Sie die 7 malerischen Winzerorte Achkarren, Bickensohl, Bischoffingen, Burkheim, Oberbergen, Oberrotweil, Schelingen - Kunst, Kultur & Sehenswürdigkeiten - Vielfältiges Gastronomie- und Weinangebot - einzigartige Flora & Fauna - Urlaub aktiv

Kaiserstühler Touristik-Information, Bahnhofstr. 20 (Oberrotweil), 79235 Vogtsburg i.K.
Tel. (07662) 94011; Fax 81246, E-Mail: info@vogtsburg.de, www.vogtsburg.de

Offene Winzerkeller
am Kaiserstuhl – auch am Wochenende

KAISERSTUHL

Die Kaiserstühler Winzergenossenschaften
laden ein zu
WEINPROBEN
KELLERBESICHTIGUNGEN
WEINFESTEN

Achkarren
79235 Vogtsburg-Achkarren, Telefon 0 76 62 / 93 04-0, Fax 0 76 62 / 93 04-93

Bickensohl
79235 Vogtsburg-Bickensohl, Telefon 0 76 62 / 93 11-0, Fax 0 76 62 / 93 11 50

Bischoffingen
79235 Vogtsburg-Bischoffingen, Telefon 0 7662/93 0 10, Fax 0 7662/9301-93

Bötzingen
79268 Bötzingen, Telefon 0 7663/9306-0, Fax 0 7663/930650

Breisach Badischer Winzerkeller
79206 Breisach, Telefon 0 7667/900-0, Fax 0 7667/900-232

Burkheim
79235 Vogtsburg-Burkheim, Telefon 0 7662/9393-0, Fax 0 7662/9393-25

IHRINGEN
79241 Ihringen, Telefon 0 7668/9036-0 und 9036-22, Fax 0 7668/5556

JECHTINGEN
79361 Sasbach-Jechtingen, Telefon 0 7662/9323-0, Fax 0 7662/8241

Kiechlinsbergen
79346 Endingen-Kiechlinsbergen, Telefon 0 76 42 / 90 41-0, Fax 0 76 42 / 90 41-41

Königschaffhausen
79346 Endingen-Königschaffhausen, Telefon 0 76 42 / 90 8 46, Fax 0 76 42 / 25 35

Oberbergen
79235 Vogtsburg-Oberbergen, Telefon 0 76 62 / 94 60-0, Fax 0 76 62 / 94 60-24

KAISERSTÜHLER WINZERVEREIN OBERROTWEIL
79235 Vogtsburg-Oberrotweil, Telefon 0 7662/9 32 00, Fax 0 7662/84 14

Sasbach
79361 Sasbach, Telefon 0 7642/903 10, Fax 0 7642/903150

WASENWEILER
79241 Wasenweiler, Telefon 0 7668/5076, Fax 0 7668/5008

KELLEREIEN:

GRÄFLICH VON KAGENECK'SCHE WEIN- & SEKTKELLEREI GMBH
Kupfertorstraße 35, 79206 Breisach, Telefon 0 76 67 / 90 11 21, Fax 90 11 00

Ferienregion Südschwarzwald

Anzeigen

aktiv sonnig lebendig

Neuenburg am Rhein

- Direkt an der A5 Ausfahrt Neuenburg
- 2 Rheinübergänge nach Frankreich
- Basel, Freiburg, Mulhouse in 20 Min.
- 3 Campingplätze
- Thermalsportbad
- Golf du Rhin - 18 Loch
- Hervorragende Gastronomie
- Nepomukfest im Juli
- Sommergarten im August

Tourist-Information · Rathausplatz 5 · D-79395 Neuenburg am Rhein
Tel. +49 7631 791-111 Fax. +49 7631 791-23-111
E-mail: touristik@neuenburg.de · www.neuenburg.de

Neuenburg am Rhein

SÜDLICHER SCHWARZWALD Überragend gut

-> **Ruheforscher-Tage**

3 oder 5 Tage besonderes Wandererlebnis durch wildromantische Schluchten mit Wasserfällen und an traumhaft schöne Aussichtspunkte, die es so nur im Hotzenwald gibt...; Danach ein original Hotzenwälder Brägel

3 Tage ab 75 Euro

...mehr Infos unter Telefon: 0 77 64 - 92 00 - 40 oder schreiben Sie an info@ruheforscher.de

***** Hotel Zum Salpeterer**

... Rickenbachs kleines Hotel mit der großen Gemütlichkeit

- OT Altenschwand, 800 m vom Golfplatz
- 5 Komfort- DZ mit Bad/ WC (z.T. Whirlpool), TV, Tel., Kaffeemaschine, Minibar... p.P. € 36,-
- 6 Suiten, z.T. mit eigener Bar, Sauna, Luxus-Polsterbett oder Achteck-Wasserbett... p.P. € 49,-
- Intimes Restaurant mit Bibliothek und Menues bei Kerzenschein und sanfter Musik
- Ganzjährig günstige Arrangements...

Altenschwand 28 · 79736 Rickenbach
Telefon 0 77 65 / 3 68 · Fax 0 77 65 / 83 98
www.hotel-salpeterer.de

SCHWARZWALD-HOTELS suntime®
Die Privathotels mit Ambiente

Sonne, herrliche Landschaft und die strahlenden Gesichter Ihrer Gastgeber, die sich auf Sie freuen – das sind die Schwarzwald sun*time* Hotels.
Mehr als 30 Ferienhotels, bei denen Sie echte Schwarzwälder Gastlichkeit in typischem Ambiente genießen.

Den Hotelführer mit vielen Pauschalangeboten erhalten Sie gratis:
Schwarzwald sun*time* Hotels
Bismarckallee 16 79098 Freiburg
Tel. 07 61 / 2 92 32 82 Fax: 2 92 33 66
e-mail: info@suntime-hotels.com
homepage: suntime-hotels.com

Ferienregion Südschwarzwald

Hardt

Lauterbach

TYPISCH SCHWARZWALD
Die Gastlichen
HARDT LAUTERBACH SCHRAMBERG TENNENBRONN

Schramberg

Tennenbronn

Bürgerservice und Tourist-Information - Hauptstraße 25 - 78713 Schramberg - Tel. 07422/29215 - info@typisch-schwarzwald.de - www.typisch-schwarzwald.de

---

HORNBERG & Gutach

im idyllischen Gutachtal - mit Tradition, Natur und Kultur

Ob Freilichtbühne oder -museum
ob Wandern oder Radfahren
ob Erholung oder Erlebnis...

... wir bieten für Jeden etwas!

Haben wir Sie neugierig gemacht?
Tourist-Info Hornberg-Gutach
Bahnhofstraße 3 · 78132 Hornberg
Tel. 07833 / 7 93 - 44 · Fax 7 93 - 29
E-mail: tourist-info@hornberg.de

Triberg * Schonach * Schönwald * Furtwangen * St.Georgen ... Im Schwarzwald

... der Mensch
... das Land
... das Ferienland

Durchatmen. Abschalten. Genießen. Und erleben:
- die schönsten Wälder
- die höchsten Wasserfälle
- die größten Kuckucksuhren
- die tollsten Pauschalen, z.B.

1 Woche Familienferien - das ganze Jahr lang
7 Übern. in einer Ferienwohnung für 2 Erw. + 1 Kind, in verschiedenen Versionen, **ab € 330,--.**

Verwöhnwoche - eine Woche Energie tanken.
7 Ü/Fr., Bäder, Massagen, Wanderungen, **ab € 260,--.**

TRIBERG
SCHONACH
SCHÖNWALD
FURTWANGEN
ST.GEORGEN

... freu´dich drauf!

Tourist-Info "Ferienland"
Postfach 11 33, 78137 Schönwald
Tel.: (07722) 86 08 31, Fax: (07722) 86 08 34
mail@schoenwald.net, www.dasferienland.de

Schwarzwälder Freilichtmuseum

Architektur

Handwerk

...und Tradition erwacht

Tauchen Sie ein in eine andere Welt. Wir führen Sie durch 400 Jahre Schwarzwald.

Schwarzwälder Freilichtmuseum Vogtsbauernhof
77793 Gutach (B33) · Träger Ortenaukreis
Tel. (078 31) 93 560 · Fax (078 31) 93 56 29 Internet www.vogtsbauernhof.org
Öffnungszeiten: Ende März bis Anfang November, täglich von 9.00 - 18.00 Uhr

---

deutsches uhrenmuseum
furtwangen im schwarzwald

öffnungszeiten
1. april - 31. oktober
täglich 9.00 - 18.00 uhr
1. november - 31. märz
täglich 10.00 - 17.00 uhr
24. - 26. dez. geschlossen

über 5.000 Uhren aus aller Welt: größte Sammlung von Schwarzwald-uhren weltweit
www.deutsches-uhrenmuseum.de

telefon 07723 920-117
telefax 07723 920-120

LAHR hat das richtige Format

Am Fuße des Schwarzwaldes stellt sich eine reizvolle und überschaubare Stadt vor. Der alte Stadtkern, schöne alte Bürgerhäuser, die Weinberge sowie beachtliche Parkanlagen verleihen der Stadt ihren unaufdringlichen Charme findet. Ein Naturerlebnis der besonderen Art bietet der Stadtpark mit seinen einheimischen und exotischen Pflanzen und Tieren.

Lassen Sie sich verzaubern! Wenn sich bereits andernorts der Spätherbst mit tristem Grau ausbreitet zeigt sich Lahr in voller Blüte. Der jährlich stattfindende **Chrysanthemenzauber** läßt die Innenstadt von Ende Oktober bis Mitte November in ein buntes Blütenmeer eintauchen. Tausende Kaskadenchrysanthemen und Blütenbüsche zieren die Lahrer Altstadt in herbstlichen Farben von leuchtendem Gelb bis sattem Rot.

KulTourBüro Lahr
Altes Rathaus · Kaiserstraße 1 · 77933 Lahr
Tel. (07821) 95 02 10/11 · Fax (07821) 95 02 12
eMail: lahrinfo@lahr.de

Durbach

Durbach
das goldene Weindorf

Durbach,
das Wein- u. Wanderparadies ist
- ***gastlich:*** komfortable Hotels, Gasthöfe, preiswerte Pensionen und Ferienwohnungen
- ***romantisch:*** Schloss Staufenberg, blumengeschmückte Fachwerkhäuser
- ***sportlich:*** Freibad, Tennis, Radfahren, Mountainbiking, Reiten, Kegeln
- ***familienfreundlich:*** Erlebnisferien auf Bauern- und Winzerhöfen, Ferienprogramm, Mutter-Kind-Kuren
- ***erlebnisreich:*** Weinwander- u. Gourmetwochenenden, Spezialarrangements, Weinfeste, Weinproben u.v.m.

Infos: Tourist-Information, Tal 36, 77770 Durbach
Tel. 07 81 / 4 21 53 • Fax 07 81 / 4 39 89
www.durbach.de • E-Mail: info@durbach.de

Gasthof Adler
seit 1780

- Traditionsreicher Familienbetrieb
- Durchgehend gute badische und schwäbische Küche
- Täglich hausgemachte Kuchen und Torten
- Reichhaltiges Frühstücksbuffet
- Räumlichkeiten für Hochzeitsfeiern, Gesellschafts- u. Familienfeiern, Reisegruppen (bis 180 Personen)
- Alle Zimmer sind liebevoll mit Bauernmöbel, DU/WC, Fön, Radio und SAT-TV ausgestattet
- Idealer Ausgangspunkt für Wanderungen
- Langlaufloipe direkt am Haus

Sonntag ab 19.00 Uhr
und Montag ganztägig geschlossen

K.J. Moosmann
Zum Adler Fohrenbühl, 78730 Lauterbach
Tel. 07422 / 9538-0 • Fax 07422 / 9538-20
adler-fohrenbuehl@t-online.de
www.adler-fohrenbuehl.de

Falk

STADTPLÄNE
KARTEN
AUTOATLANTEN

EINE GROSSE MARKE FÜR UNTERWEGS

Ob Sie in Städten unterwegs sind oder auf Deutschlands und Europas Straßen: Falk hat den richtigen Stadtplan, die richtige Karte, den richtigen Atlas für Sie.

HB Bild atlas

Zu Hause genießen! Auf Reisen erleben!

Über 230 Ausgaben des HB Bildatlas führen Sie zu den schönsten Reisezielen in Deutschland, Europa und der Welt. Mit Sehenswürdigkeiten, Tipps für Hotels, Restaurants, übersichtlichen Karten. Jeder HB Bildatlas mit exklusiven Fotos.